Meus 13 dias com Che Guevara

(O homem-mito que conheci e retratei)

Flávio Tavares

Meus 13 dias com Che Guevara

(O homem-mito que conheci e retratei)

L&PM EDITORES

Texto de acordo com a nova ortografia.

Este livro é uma edição ampliada e modificada de *O Che Guevara que conheci e retratei*, da RBS Publicações em 2007.

Capa: Ivan Pinheiro Machado
Foto da capa: Flávio Tavares
Revisão: Marianne Scholze e Simone Diefenbach

CIP-Brasil. Catalogação na Fonte
Sindicato Nacional dos Editores de Livros, RJ

T23m
Tavares, Flávio, 1934-
Meus 13 dias com Che Guevara: (O homem-mito que conheci e retratei) / Flávio Tavares. – 2 ed. – Porto Alegre, RS: L&PM, 2013.
88p. : 23 cm

ISBN 978-85-254-3010-6

1. Tavares, Flávio, 1934-. 2. Guevara, Ernesto, 1928-1967. 2. Guerrilheiros - América Latina - Biografia. I. Título.

13-05656. CDD: 920.932242
CDU: 929:323.22

Rua Comendador Coruja, 314, loja 9 – Floresta – 90220-180
Porto Alegre – RS – Brasil / Fone: 51.3225.5777 – Fax: 51.3221.5380
Pedidos & Depto. comercial: vendas@lpm.com.br
Fale conosco: info@lpm.com.br
www.lpm.com.br

Impresso pela Meta Brasil
2021

SUMÁRIO

1. Como cheguei ao *Che* 11
2. O profeta, não a profecia 13
3. Os passos em Punta del Este 15
4. O discurso 50
5. O memorandum secreto 67
6. A entrevista coletiva 68
7. Os pés pelas mãos 70
8. A imolação 77
9. Epílogo 82

À memória
de Hamilton Chaves,
que esteve ao meu lado,
e
de Marcos Faerman,
a quem contei na época.

Para Oscar Niemeyer,
exemplarmente coerente e lúcido,
In Memoriam

"...ele não foi apenas um pensador e intelectual, mas também o mais completo ser humano da nossa época."

JEAN PAUL SARTRE,
por ocasião da morte do Che

Como cheguei ao *Che*

Punta del Este, 1961. Não se surpreendam nem estranhem pelo lugar onde convivi com Ernesto *Che* Guevara durante treze dias. Sim, ali mesmo, nesse balneário grã-fino transformado em sede da Conferência Interamericana Econômica e Social da OEA.

Eu tinha 27 anos e, como enviado da rede de jornais *Última Hora*, de Rio, São Paulo, Belo Horizonte, Curitiba e Porto Alegre, cobria a reunião convocada pelos Estados Unidos para concretizar a *Aliança para o Progresso*, um passo a mais para isolar Cuba do resto do continente.

Ele, aos 33 anos, era ministro da Indústria e presidente do Banco Nacional de Cuba e chefiava a delegação cubana à reunião. Acompanhei-o durante as sessões e nos intervalos da conferência. Duas vezes jantei ao seu lado no hotel em que se hospedava.

Perguntei, ouvi e observei.

É esse período breve e intenso, de 5 a 18 de agosto de 1961, que retrato aqui nas fotografias que dele fiz e na observação de tudo o que ele fez. Quatro meses antes, havia fracassado a invasão de Cuba, patrocinada pelos norte-americanos, e em Punta del Este, o mito *Che* Guevara emergiu como definitivo.

Ao ser jornalista, a fotografia era apenas meu passatempo. O impacto da figura do *Che* me fez reunir as duas atividades em 62 fotos obtidas na correria, enquanto anotava situações e palavras. Guardados nos arquivos da *Zero Hora*, de Porto Alegre, após o golpe de Estado de 1964, os negativos resistiram à fúria da época ditatorial e a um incêndio que, nos anos 1970, destruiu parte da documentação do jornal.

Aqui, o fotógrafo (que nem sequer tinha flash) é um investigador em busca do documento humano. E com cuidado e atenção, pois naquele tempo nem os fotógrafos profissionais repetiam dezenas de vezes o mesmo quadro, como hoje. Eu dispunha apenas de 36 poses (algumas já batidas) e o filme custava tão caro no Uruguai que pedi outro mais do Brasil...

As fotos, em 35 mm e filme Kodak 150 Asa e 400 Asa, foram feitas com uma Zorki S, lente 3.5, versão soviética da Leica alemã e que, talvez pela procedência, foi-me confiscada anos depois, como "instrumento subversivo", e jamais devolvida, nos tempos da ditadura militar...

O profeta, não a profecia

O grande legado de Ernesto *Che* Guevara não foi político, mas humano. Ou existencial. A política foi sempre marcada pelo pragmatismo, esse utilitarismo de vencer e implantar o que reste ou sobre da vitória, seja o que for – destroços, despojos ou troféus. Desde as guerras de lança e armadura da Antiguidade ou das tramas e intrigas dos castelos até os embates e debates políticos de hoje, na era moderna, tudo se faz para triunfar e isso é o único importante. A política tornou-se a arte de triunfar, de pôr-se à frente, dominar e proclamar: "O rei sou eu!".

O *Che* Guevara, ao contrário, não pregou nem nos deixou triunfalismos. A vitória, para ele, não era um fim em si mesma, mas apenas um meio ou caminho a nos conduzir a uma mudança de comportamento e a definir uma nova convivência e estilo de vida na nova sociedade do "homem novo". Como político (algo que nunca foi nem o desejou), o *Che* foi um fracasso e, vista por essa óptica, sua vida está repleta de malogros.

Nem sequer as vitórias do tático e estrategista militar, do "guerrilheiro heroico", podem compensar as derrotas no plano da política, tal qual entendemos hoje "a política". Em *Che* Guevara, o heroísmo consistia no desafio, em desmascarar o corroído – e corroído não por velho, mas por vicioso ou viciado e venenoso em si.

Foi profeta nisso. O mundo está repleto de profetas que, no seu próprio tempo e na intimidade, fracassaram ou sucumbiram aquém da própria profecia. Cristo, crucificado. Ou Marx, que esmiúça a economia mas não tem um tostão para comer. Ou Freud, que desvenda as tramas tenebrosas da enfermidade do inconsciente mas não percebe o câncer a brotar nele mesmo. O tempo os projetou. O presente em que viveram os aniquilou. Anteviam o futuro, viviam para "o que virá".

A profecia consiste nisso: nunca está no presente do dia a dia e vive unicamente no futuro.

É esse *Che* visionário ou profeta (e, por isso, humano) que busco traduzir aqui a partir do que dele vi ou observei nos treze dias de convivência direta ou indireta, durante a conferência de Punta del Este, em 1961. Relembro esses dias para dar um testemunho humano do profeta. Não da sua profecia.

Os passos em Punta del Este

"Quem não compreende um olhar,
tampouco compreenderá uma longa explicação."

Mario Quintana

Manhã úmida e fria do sábado 5 de agosto de 1961, em Punta del Este. De longe, diviso um grupo caminhando pelo descampado rente à praia. À frente, Ernesto *Che* Guevara.

A seu lado, de sobretudo e chapéu preto, o representante do governo uruguaio indica o caminho, mostrando que sabe onde pisa. Logo atrás, outros seis ou sete.

É a delegação de Cuba, que caminha para chegar à solenidade de inauguração da conferência da OEA. Ou, mais exatamente, para as reuniões do Conselho Interamericano Econômico e Social. Do hotel Playa, onde se hospedam os cubanos, a distância é de quase um quilômetro, mas o grupo encurta o trajeto e vem pelo lado do mar, desafiando a bruma que não cessa sequer no meio da manhã.

Junto à praia deserta e cinzenta, a comitiva parece uma colorida bandeira.

Junto à praia, Guevara encabeça os caminhantes

O grupo se aproxima seguindo o passo ágil e ritmado de Guevara. Boina à cabeça, jaqueta verde-oliva aberta ao peito, ele é o menos protegido para o frio. Só os pés estão resguardados, calçados com botas guerrilheiras de cano curto.

À esquerda do grupo, um jovem baixote e mulato tem os olhos postos em todos os lugares: Leonardo Tamayo era quase um adolescente quando combateu em Sierra Maestra e, agora, é o custódio de *Che* Guevara e está sempre ao seu lado, em todos os lugares. E não apenas nessa conferência, mas pelo resto da vida. Antes, em Cuba; depois, na guerra do Congo, na guerrilha da Bolívia.

(Muito depois, em 1967, aos primeiros indícios de que *el Che* estava na Bolívia, isolado e acuado, algo que parecia impossível, convenci-me de que era verdade quando vi uma foto do acampamento guerrilheiro na revista norte-americana *Life*. O rolo do filme, encontrado pelo exército boliviano num esconderijo de provisões e medicamentos da guerrilha, tirou-me as dúvidas. Aquele homem magro, de boné, cachimbo, barba rala e cabeça quase raspada que ali estava parecia-se ao *Che* mas podia, até, não ser exatamente o *Che*, só que a comprovação vinha em seguida: quase a seu lado, ali estava também Tamayo, com o mesmo rosto de Punta del Este. Onde Guevara estivesse, estava ele também. Na Bolívia, chamava-se *Urbano* e foi um dos sobreviventes da guerrilha.)

Os representantes dos demais países chegam à sede da conferência em luxuosas limusines. Engravatados, sapatos de verniz reluzente, fisionomia séria, só descem dos carros quando os cadetes uruguaios, em uniforme de gala, abrem a porta e lhes prestam continência.

Ernesto *Che* Guevara é o único a pé, mas chega à praça da reunião antes ainda que boa parte dos outros delegados.

Provocativo e a gritos, um radialista uruguaio lhe pergunta:

– *Usted no tiene auto, doctor Guevara??*

– *Tengo piernas!* – responde num sorriso irônico.

Ali, naquele momento, naquela pergunta e naquela resposta, afloravam as diferenças de comportamento e visão de mundo que, nos dias seguintes, marcariam a conferência e, pouco a pouco, transformariam Ernesto *Che* Guevara em personagem mítico. Humanismo e utilitarismo pragmático iriam enfrentar-se, abrindo uma contenda interminável.

Despreocupado, caminha rumo à conferência. A seu lado, um mulato franzino vigia tudo

Aproximo-me, ainda sem conhecer a dimensão do mito.

Ele já agora está sem boina, a cabeça descoberta, talvez para aproveitar o tênue sol de inverno que, de inopino, perfura as nuvens baixas e afasta a bruma. Incorpora-se ao grupo o embaixador de Cuba no Uruguai, charuto à boca, chapéu à mão, vestido como um "señor elegante del Rio de la Plata", e Guevara empina o olhar.

Caminho em sua direção para fotografá-lo de perto. Seu porte é altivo, majestoso até, mas não altaneiro. A barba, rala e escura. A mirada, direta e penetrante. Quando sorri, os olhos despertam em ironia. Nesses olhos, porém, não há soberba nem arrogância.

Num tempo em que a gravata preside tudo e não se concebe cerimônia sem o traje formal de colarinho engomado, sua jaqueta verde-oliva, folgada, sobre a camisa aberta e da mesma cor, lhe dá um toque de displicente nobreza. Ou de fineza sem jactância. Postados na calçada, os diplomatas das três Américas se escandalizam com o que veem, e os cochichos retumbam.

Só os diplomatas norte-americanos não parecem espantados com a barba e o uniforme guerrilheiro. Mais de um ano antes, e por motivos mais sérios, já haviam se escandalizado com esses moços barbudos que em janeiro de 1959 tomaram o poder em Cuba (a 70 milhas dos Estados Unidos) e lá fizeram a reforma agrária.

Mais escandalosa do que uma camisa de gola aberta foi a invasão de Cuba (na Baía dos Porcos), patrocinada e armada pelos EUA, em abril de 1961, quatro meses antes. Houve bombardeios e combates, mortos e feridos, mas em três dias os invasores se entregaram. Uns 1.200, todos cubanos e treinados em solo da Nicarágua pela CIA. (Logo após, no 1º de maio, aqueles moços barbudos proclamaram-se socialistas!)

(Naqueles dias, ainda não se sabia que a CIA tinha apresentado o plano de invasão ao presidente John Kennedy quase como "um fato consumado", após armar tudo em surdina com milionárias verbas secretas do orçamento de Defesa ou vindas de grandes empresas. A CIA era um poderoso e terrorífico Estado dentro do Estado e, agora, no caso de Cuba, Kennedy tentava desvencilhar-se dela armando um "grande programa de ajuda para o desenvolvimento da América Latina", a que dera o nome de *Aliança para o Progresso.* Após o fiasco da Baía dos Porcos, a Casa Branca tentava, agora, uma invasão pacífica e sem armas para isolar esses barbudos de camisa verde-oliva aberta ao peito...
Mais do que escandalizados, os norte-americanos estavam inquietos. Em Punta del Este ou onde fosse, a barba e o traje de Guevara simbolizavam rebelião e ruptura. Por isso, ele gerava aplausos ou desaforos, admiração ou ojeriza.)

Seu porte é altivo, mas sem arrogância

Vai começar a solenidade de inauguração. Vou até ele na rua. Chamo-o de "comandante Guevara", damo-nos as mãos e explico que meu jornal, no Brasil, "se interessa pelas reformas sociais da Revolução Cubana". Não há tempo para mais palavras. A tropa militar está formada e o ritual se inicia. Ele põe a boina guerrilheira e um cadete uruguaio entrega-lhe a bandeira de Cuba.

O descampado defronte à sede da conferência é, agora, a *Praça das Américas*, e cada chefe de delegação hasteia sua bandeira, uma ao lado da outra, em mastros da mesma altura, como se todas fossem iguais e independentes. Ou como se, para a maioria delas, os Estados Unidos não ditassem todas as regras, principalmente as de isolar Cuba.

Disciplinado, ele cumpre o rito enfadonho. A disciplina é parte de sua vida, não por fanático culto à ordem, mas para enfrentar carências e vicissitudes. Ao triunfar a Revolução, nomeado ministro da Indústria e presidente do Banco Nacional de Cuba, passava as madrugadas insone, estudando cálculo algébrico e logaritmos, para não se confundir com números e cifras. Já aos quatro anos, na Argentina, começara a disciplinar os hábitos (e a vida) para enfrentar a asma.

A bandeira do país natal agora está ali, quase a seu lado, e a infância e a juventude voltam à memória. Daqui a algumas horas receberá dois emissários do Partido Socialista argentino, vindos de Buenos Aires. Ainda não sabe que vêm lhe oferecer a candidatura presidencial, ou pedir que – pelo menos – encabece a lista de candidatos socialistas a deputado. Desconhece que Julita Constela e Germán Rozenmacher vão insistir em uma das alternativas e, para animá-lo, dirão que, na Argentina, ele "é a grande esperança".

– *Pues, pierdan la esperanza!* – responderá ele, para mostrar que seu caminho é outro, que não é o do voto obtido através dos milhões gastos em publicidade vã ou pelos favores e promessas a granel e sem limites, exatamente para nunca serem cumpridas.

(No contexto da época, em que a doação pessoal predominava, seria ridículo transformar o austero e sacrificado guerrilheiro em "candidato" eleitoral a qualquer coisa, até a presidente da República Argentina. Hoje, meio século depois, outra talvez seja a óptica, e há quem pense que *el Che* "perdeu" sua grande oportunidade. Seu romantismo generoso foi impiedoso com sua história pessoal e com a própria Argentina...)

Começa a solenidade e ele hasteia a bandeira de Cuba

Uma banda militar toca num ritmo marcial não um hino, apenas um compasso, e se inicia o hastear das bandeiras. Compenetrado e sério, Ernesto *Che* Guevara iça lentamente a bandeira cubana em meio às demais. Os cadetes uruguaios fazem-lhe continência.

(Ele nasceu na Argentina, lá se formou em Medicina e – muito jovem ainda – conheceu o interior da América do Sul, em motocicleta. Aí surgiu sua faceta oculta, descoberta só após a morte: o escritor de 23 anos, que tudo observa e anota como minucioso impressionista.
Seu "diário de viagem" resume a aventura de dois moços que se embrenham por selvas e rios, trabalham como voluntários num leprosário da Amazônia peruana, convivem com indígenas e descobrem o passado. Junto com o amigo Alberto Granado, fotografa as ruínas de Machu Picchu e escreve deslumbrado: "*...nos encontramos aqui frente a uma expressão pura da mais poderosa civilização indígena da América, imaculada pelo contato da civilização vencedora e cheia de imensos tesouros de evocação entre seus muros mortos de aborrecimento de não ser*".
Depois, chegou à costa leste dos Estados Unidos, mais tarde à Guatemala da reforma agrária do presidente Arbenz, onde, em 1954, um golpe armado pela CIA o levou a refugiar-se no México. Ali conheceu Fidel Castro e o acompanhou na romântica expedição que desembarcou em Cuba para expulsar uma ditadura sanguinária e corrupta. Fez-se cubano expondo-se à morte. Nesse "batismo de sangue", obteve o grau de *comandante* do Exército Rebelde.)

As bandeiras diferentes dos povos do continente devem reunir, não separar. Assim ele pensa e diz, mas quantos pensarão assim? Daqui a uns dias, dirá na conferência que "as revoluções não se exportam" e que nenhum fuzil sairá de Cuba para armar guerrilhas no continente.

– O que se exportam são os exemplos – dirá também. Tem a linguagem de um guerreiro, mas (paradoxalmente) num tom de paz.

Como ouso pensar em paz frente a um combatente? Ele guerreou, disparou, sabe o que é matar e ser morto. A guerra é isso. Dura, terrível e destrutiva. Mesmo assim, ele fala de rebelião como "luta de libertação", mas seu olhar é como sua palavra: rebelde e sem ódios. Terá olhos de paz este guerreiro?

Entre continências e estandartes, aperto várias vezes o "clic". Para a tomada superior da página ao lado, dou minha máquina fotográfica a Tarso de Castro e saio retratado ao lado de Ernesto *Che* Guevara e suas bandeiras.

Em meio às bandeiras, saio retratado ao lado do Che

Nesse agosto de 1961, ainda não se conhece aquela frase que irá defini-lo na vida e na morte: "*Hay que endurecerse, pero sin perder la ternura jamás*". Mas ele já é assim. Já é o que dirá.

Ouvi dele poucas palavras nesses instantes iniciais em que tudo é festa solene, mas na mirada já lhe percebi o toque irônico. O olhar incisivo não é duro, apenas observador, como se esquadrinhasse os ângulos e o que está por trás deles. A sua fortaleza parece ser a ironia. Vou comprová-lo nos próximos dias, na sessão plenária, na palavra transformada em lança, quando rebate o representante dos Estados Unidos, o todo-poderoso Douglas Dillon. Tão poderoso que aquelas cédulas de cem dólares, que circulam por Punta del Este ou pelo mundo e valem uma fortuna, têm a sua assinatura como secretário do Tesouro.

Até nisso eles se digladiam. Ou até nisso brota a ironia nesse homem que está à minha frente e fotografo agora. Na reforma monetária em que a Revolução substituiu a moeda da ditadura de Batista, as notas dos novos *pesos cubanos* levam a assinatura do presidente do Banco Nacional de Cuba, com uma firma breve: apenas ***Che.*** Ele assinou assim, como ficou conhecido na montanha, na selva e na cidade. É seu nome de combatente, com que passará à História.

Mas ele não se digladia com Douglas Dillon, e sim com o poder, como um Spartacus moderno em luta com as feras no Coliseu romano. No fundo, ele se digladia até consigo mesmo, com o poder que representa.

Sei dele muito pouco ainda. Rapidamente, porém, começo a descobrir um personagem multifacetado. Cada gesto ou cada olhar parece multiplicar-se na cadência de cada passo.

Onipresente e multifacetado, ele é uma soma de muitos rostos

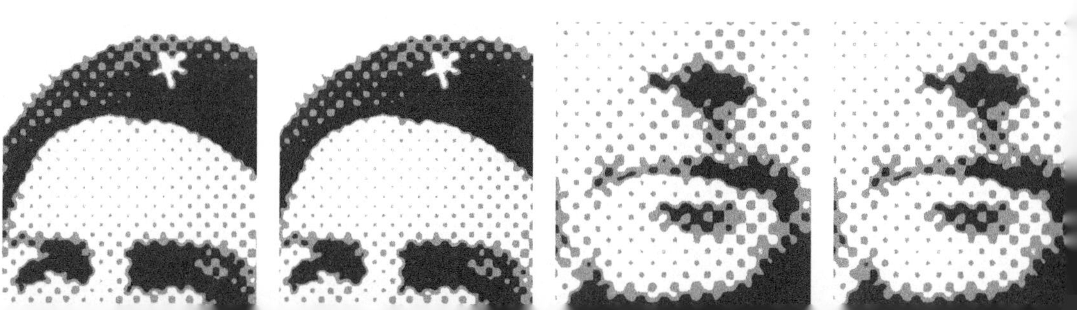

Hay que endurecerse, pero sin perder la ternura jamás!

Sim, ele só dirá essa frase daqui a uns anos, mas já a esboçou no que fez, pelo exemplo, ou no que pensa e transmite. Nada faz ainda pressentir o martírio, mas nele já estão os passos do futuro. E agora, nesta reunião, ele já é tudo o que virá a ser. Basta olhá-lo de corpo inteiro.

A ternura já lhe aparece nos gestos, os gestos já são ternos, o olhar, forte e chamativo ou interrogante. Mas também compreensivo e doce, sem altivez. Na mirada, às vezes parece sorrir.

Volto a observá-lo e tento chegar além do visível. É estranho! Ele combateu e prega o combate, disparou tiros, foi ferido e feriu. Amigos e companheiros caíram ao seu lado (e outros mais cairão, ainda, no Congo e na Bolívia). Viu a morte e matou também. É duro, incisivo e exigente, implacável até, inclusive com os companheiros. Mas nele não percebo o olhar hirto e inflexível do soldado. Aquele tom impiedoso da guerra não está nos seus olhos. Ou neles não aparece!

Em Punta del Este, quase ninguém o chama de *el Che*. Só na delegação cubana dizem-lhe assim. Ninguém mais. Os diplomatas e jornalistas, em geral, usam o "*doctor*", não porque ele seja médico, mas para marcar a distância e mostrar que estão longe do que diz e pensa. Dos presentes, só os jornalistas brasileiros e alguns dos argentinos o tratam de *comandante*, por respeito, até os distantes. Ernesto Guevara de la Serna tem 33 anos e a Revolução que ajudou a fazer, apenas 31 meses, mas tudo o que ele pensa ou busca e quer já está à vista. O tronco do seu pensamento é o "homem novo" numa sociedade nova em que os estímulos sejam morais, não materiais, e a rigidez da ética suplante o interesse do lucro. E num mundo sem impérios!

… endurecer-se, mas sem perder a ternura jamais!

Quem é ele? Prega o oposto do capitalismo, admira Marx e a visão do igualitarismo marxista, mas nada tem a ver com os dirigentes ou militantes comunistas ou socialistas. Nesses anos 1960, em que os Estados Unidos e a União Soviética disputam a hegemonia do mundo e a Guerra Fria é total, tudo se define em função de ser "pró-comunista" ou "anticomunista" e, mantida essa divisão, ele admite que fica com a primeira opção. Mas tudo o que fez e ainda fará até que o matem, aos 39 anos de idade, está fora dos catálogos e das definições prévias. Ele mais se assemelha a um cristão primitivo que tenha assimilado o anarquismo. Um intrépido Proudhon associado ao terno Cristo e, de permeio, um Gandhi endurecido. Justiça e igualdade sem intermediários.

> (*Anos depois, 1965-1966, nos tempos em que esteve em lugar algum, sumido, algures pelo Congo tentando ajudar a libertar a África do colonialismo, ao ver que os negros congoleses (ao lado de quem lutava) não conheciam sapatos, igualou-se a eles. Mandou os guerrilheiros cubanos tirarem as botas militares e ele próprio passou a combater descalço.*
> Endurecer-se, sim, mas sem perder a ternura jamais!)

Tenho que ir ao seu encontro e conversar. Que interesse ele pode ter pelo Brasil? Além do desprezo pelas "brasileiras" (revelado nas *Passagens da guerra revolucionária em Cuba)*, o que *el Che* sabe de nós? As "brasileiras" desprezadas não são mulheres, mas granadas compradas pelos guerrilheiros em Sierra Maestra que, na primeira batalha que ele comandou, não explodiram. Velhas e umedecidas pelo tempo, as granadas fabricadas no Brasil (e obtidas via Costa Rica) quase o levaram ao desastre...

Até no olhar é difícil defini-lo

As bandeiras içadas, a solenidade continua. Agora será o desfile militar, e volto a me aproximar. Explico-lhe que venho de Porto Alegre, onde se publica uma das edições do jornal, e ele exclama "Ah, ah, sim, sim!" e seus olhos se fixam no nada distante. Ou no passado, como se estivessem longe e ele de novo junto ao mar, no tombadilho do Anna G. Nesse navio ele viajou a Porto Alegre em novembro de 1950 e ali passou quatro dias, enquanto descarregavam trigo e carregavam madeira para retornar à Argentina.

Naqueles anos, estudava Medicina em Buenos Aires e, nas férias, trabalhava como enfermeiro a bordo de barcos mercantes. A capital do Rio Grande do Sul foi a primeira cidade estrangeira que ele conheceu. Caminhou pelo Centro, indagou sobre o bairro popular mais distante, tomou um bonde e desceu no fim da linha. Logo, pelo correio, junto ao cais, enviou um cartão-postal à mãe, na Argentina.

Agora, a descontração rápida, de segundos apenas, talvez tenha servido de ponte para as horas e dias seguintes: de imediato, digo-lhe que, naquela cidade, três meses atrás, conheci sua mãe, dona Célia, e que ela me contou do navio. Ele sorri. Sem mover os lábios, sorri. Sorri como dona Célia, com o brilho do olhar, e até a respiração muda. Agarra-me pelo braço e me faz subir com ele ao palanque da delegação cubana. (Cada país tem um pequeno palanque na avenida, nessa manhã úmida em que, de novo, a bruma esconde o sol.)

Estendo minha máquina a Tarso de Castro e ele a dispara duas vezes, da rua, mas as fotos saem fora de foco. No dia seguinte, porém, o jornal *El Popular*, de Montevidéu, estampa na primeira página uma foto do *Che* no palanque, eu ao seu lado, similar a uma das que saíram tremidas.

Começa ali um mútuo entendimento? Ali entendi quem era ele e ele compreendeu que eu o entendia? E sua mãe, dona Célia, foi involuntária ponte? Ou é tão só minha curiosidade jornalística que apalpa algo diferente?

Ele me toma pelo braço e me leva ao palanque da delegação cubana

Desfiles e bandas marciais. Cadetes e fuzileiros navais marcham em continência militar. Essa pomposidade o aborrece (noto no olhar e na respiração dele), mas ele cumpre impassível o solene e inútil protocolo. O vento úmido continua a cortar o ar e, sem disfarces, ele leva à boca o inalador para evitar um ataque de asma. Várias vezes.

Poderia tê-lo fotografado assim, com aquele aparelho dos asmáticos (enorme na época), a respiração arfante, como num suspiro fundo, a boca entreaberta, quase em sufoco. Ou ofegante mesmo. Sim, poderia tê-lo fotografado assim, nem sequer ele notaria, tão ocupado estava em manter-se ereto ao tirar o vaporizador do bolso imenso da jaqueta verde-oliva. Poderia, sim!

"O herói asmático" poderia ser o título do retrato, publicável na primeira página das edições do jornal em várias capitais do Brasil, algo sensacional e inédito para um jornalista de 27 anos, como eu, que não era fotógrafo, mas estava ali, máquina a tiracolo. Eu, porém, não estava em busca de um asmático. Queria retratar esse homem pelas palavras que dele ouvisse ou pelas ideias que me transmitisse. Nele, a asma era o que menos me interessava. E era, também, o que menos ele tinha a me contar sobre a doença que o perseguia desde criança e que agora, aos 33 anos, voltava num leve acesso sob os efeitos do inverno do Sul.

Eu queria retratar a alma, não a asma do *Che*.

A pompa o aborrece e a asma o inquieta

O dia seguinte, 6 de agosto de 1961, é um domingo de sol e ele é o "convidado de honra" no churrasco íntimo que Eduardo Victor Haedo, presidente do Conselho de Governo do Uruguai, oferece em La Azotea, sua mansão de praia em Punta del Este. O *Che* chega em companhia de Ramón Aja, coordenador da delegação cubana à conferência, e do embaixador, e é recebido no portão pela filha de Haedo e por dois engalanados militares uruguaios.

Ao longo dos cem metros do jardim, tomo-lhe as primeiras fotos do dia. Descontraído, ele caminha pelo bosque de pinheiros e chega ao pátio maior, onde o espera o anfitrião, de boina branca e cuia de chimarrão. Além dos ministros das Relações Exteriores e da Economia do Uruguai, há apenas outro convidado, Leonel Brizola, o jovem governador do Rio Grande do Sul e conselheiro especial da delegação do Brasil à reunião.

Antes do churrasco, a roda do mate. Haedo é simpático e afetuoso, irônico também. A boina branca é sua marca política: ele pertence ao Partido Nacional, ou *Blanco*. No Uruguai, as cores são insígnias e valem como ideias. Desde o início, o país está dividido entre "blancos" e "colorados", que guerrearam entre si no século XIX e, depois, nos anos de bonança econômica da lã e da carne, disputaram o poder pelo voto. Nesse 1961, a crise econômica já é visível, mas se disfarça na herança da antiga pujança e, principalmente, do que foi Montevidéu como cidade organizada e dinâmica até os anos 1950. Para tentar sanar a crise, os uruguaios imitaram os suíços e formaram um "governo colegiado", em que *blancos* e *colorados* se revezam na presidência, ano a ano. A esquerda, dividida entre comunistas e socialistas, trotskistas e anarquistas, está de fora.

Agora, o turno é dos *blancos*, que têm fama de oligarcas e distantes do povo, menos Haedo, que tudo faz para tornar-se aberto e popular. E, inclusive, faz esse churrasco.

A sua afetuosa ironia vai comandar o encontro, mas os minutos iniciais são de tensa e inquieta curiosidade.

Na mansão do presidente do Uruguai, a homenagem é um churrasco. O outro convidado é Leonel Brizola

No rito camponês gaúcho, o chimarrão abre portas, estimula afinidades ou ameniza desencontros e, assim, antecede a tudo. E, mais do que tudo, ao churrasco. Para cumprir o ritual, Haedo passa a cuia a quem está à sua direita, mas faz um estudado gesto de recuo e pergunta:

– *Usted toma mate, doctor Guevara? Bueno, claro, claro que sí! Además, usted también es argentino, no?*

Como se a alfinetada não lhe tocasse a pele, *el Che* sorri e estende a mão, agarrando a cuia. Mecanicamente, a cabeça se inclina e ele começa a sorver a infusão amarga que conhece desde a infância. Seu pai teve ervais de mate em Misiones, perto da fronteira da Argentina com o Brasil, ele foi engendrado por lá e talvez saiba mais de chimarrão do que Haedo. O momento, porém, não é para exibir essas sapiências, até porque todos parecem inibidos, menos o anfitrião e seu cão branco, um poodle, que vem cheirar o convidado principal.

Chimarrão e churrasco. Era como se ele voltasse à casa paterna na Argentina. Em Rosário, onde nasceu; na serra de Alta Gracia, em Córdoba, onde cresceu; em Buenos Aires, onde se fez adulto. "*Sinta-se em casa!*", diz-lhe Haedo, apontando a churrasqueira, lá adiante. Logo, educado e polido, indaga se o hotel em que se hospeda é confortável.

– *Para descansar basta uma cama. Acostumei-me até a dormir em rede... Aqui, basta uma cama e a cama é boa!* – explica o *Che*, surpreendido pela pergunta que não se encaixa com o estilo pessoal austero de quem, como ele, exige pouco e exulta com o mínimo.

O perfume da carne na grelha se espalha e Haedo, entre paternal e irônico, insiste em saber como "foi tudo lá na serra". Diz "*sierra*", simplesmente, para significar Sierra Maestra, ponto de reagrupamento e quartel-general da guerrilha em Cuba.

– *Vocês comiam carne lá na serra?*

– *Às vezes; às vezes pedíamos emprestadas umas vacas!* – responde o *Che*, sorvendo o mate.

E todos riem pelas "vacas pedidas emprestadas", ironia maior que a própria pergunta.

Com a cuia do chimarrão, era como se voltasse à casa paterna

Ao longo da roda do chimarrão, nos diálogos começa a surgir o *Che* Guevara que não se conhecia.

As perguntas e respostas podem parecer banais ou corriqueiras, mas ajudam a desvendar esse homem que, aos 33 anos, desperta tanta atenção. Quem é ele? Fora do tom aventuresco, inusitado e grandioso com que o seu grupo chegou ao poder numa ilha pequena e pobre (e que, de um momento a outro, tornou-se centro de atenção do mundo inteiro), como é ele?

O austero Ernesto *Che* Guevara e sua chispa rápida fogem tanto ao comum que, no fundo, os críticos se inibem à sua frente. O sarcasmo do presidente do Uruguai o que é, se não isso? A polidez e atenção dos dois ministros uruguaios contradizem o que farão no plenário da conferência, nos dias seguintes, quando baixarão a cabeça e dirão "sim" a tudo o que proclamar a representação dos Estados Unidos. O que é isso? Por que aqui, ao redor do chimarrão, além de solícitos, mostram-se até subalternos ao *Che*, como se (por antecipação) confessassem os pecados ou diabruras que cometerão na conferência ou vida afora?

Brizola está calado, inibido até, nesse início de encontro. Será pelo idioma? Fuma em longas tragadas, como se tentasse manter ocupados os lábios, ele que fala tanto e agora quase nada diz. Poderia lembrar ao *Che* que, em 1959, antes ainda dos cubanos, como governador do Rio Grande do Sul encampou os serviços de eletricidade da *Bond and Share* e aí se enfrentou com os Estados Unidos. E surgiu a Emenda Hickenlooper, aprovada às pressas em Washington como represália ao ato de Brizola e que neste ano de 1961 os EUA usam contra Cuba para cortar-lhe suprimentos, até medicamentos. Mas se retrai, fala pouco, interessado em ouvir.

Escutá-lo e, assim, perscrutá-lo de alto a baixo, e aprender, foi o melhor que pôde fazer o governador gaúcho. E o que terá aprendido do *Che* Guevara?

O diálogo cresce em meio ao mate. Inibido, o convidado brasileiro fuma

Aquelas longas tragadas de cigarro não ocupam apenas os lábios de Brizola, mas o pensamento inteiro, e é como se ruminasse cada palavra ouvida. Minutos depois, vai perguntar também, e a conversação será a três, sempre amena e informativa. E em dois idiomas: quando o governador do Rio Grande do Sul diz algo em português, os olhos de Guevara não pestanejam e sua atenção se redobra para não perder um detalhe sequer desse idioma que não é do seu quotidiano e ao qual não está habituado. Brizola tem 39 anos; *el Che*, 33 – ambos são os mais moços do grupo, que reúne ainda os ministros da Economia e das Relações Exteriores do Uruguai. Quando o estudante de Medicina Ernesto Guevara de la Serna esteve em Porto Alegre em 1950, Brizola era deputado estadual, já tinha acesso aos labirintos do poder e da política. Agora, porém, quem tem coisas a contar é Guevara. Contraditoriamente, o mais moço do grupo viveu o que nenhum dos demais sequer vira, pressentira ou fantasiara.

(No Brasil, tão só dezenove dias mais tarde, a 25 de agosto de 1961, o presidente Jânio Quadros renunciou e os três ministros militares "vetaram" a posse do vice-presidente João Goulart, por considerá-lo "pró-comunista". O golpe de Estado já estava consumado no triângulo Brasília-Rio-São Paulo quando o governador gaúcho rebelou-se, armou a população e o movimento se estendeu. No Sul, o próprio Exército pôs-se ao seu lado. E o "Movimento da Legalidade", com Brizola à frente, derrotou o golpe de Estado. Mas, se não tivesse conhecido o *Che* e observado seu exemplo ou até seus ímpetos, o jovem governador teria tido a audácia de desafiar a hierarquia militar, quebrá-la ao meio e derrotá-la? Até onde o *Che* funcionou como espelho? E até onde se refletiu na ousadia de Brizola?)

Ele, o mais moço, é o único com um passado a narrar

Che Guevara e o presidente do Uruguai estão sentados num duro banco de madeira do jardim. Os demais, em poltronas de vime, assento estofado. Isto é do rito também: o homenageado à mesma altura do anfitrião, que dá o tom da conversa, serve e distribui o chimarrão – um de cada vez.

De novo é a vez de Guevara, e seu olhar se fixa no mate como num maná do céu. (Quem não tem o hábito do chimarrão não pode entender a dependência que essa infusão amarga cria entre seus usuários. Basta o odor da erva-mate para que o metabolismo inteiro, quase em delírio, exija sorver o sabor.)

Haedo passa-lhe a cuia e aumenta o tom das perguntas sobre a economia cubana. Brizola indaga sobre o açúcar, a produção industrial e os minérios de Cuba e o *Che* fala com entusiasmo sobre o níquel. É a única riqueza mineral importante de Cuba, "um metal praticamente inoxidável em estado natural", por isso "é fundamental pesquisar sobre sua aplicação industrial, e aí pode estar nosso futuro econômico".

– *As jazidas onde ficam? No sul, não?* – pergunta Brizola em português, enquanto o cheiro da carne e do salsichão na grelha expande-se pelo jardim e embriaga a todos.

Com a mão esquerda estendida, o *Che* imita no ar o mapa da ilha, num longo gesto horizontal:

– *Cuba é como uma linguiça esparramada de leste a oeste e não chega exatamente a ter sul.*

– *Ah, mas tem norte, não se esqueçam!* – interrompe Haedo irônico. Todos entendem a alusão à Norte-América e riem.

– *Uff, e que norte! Mas temos também Oriente!* – retruca o *Che*, e o polido duelo enigmático se interrompe para que os convidados e o anfitrião passem à mesa do churrasco, no jardim.

(Oriente é uma das províncias de Cuba, mas também se dizia assim aos países comunistas da Europa Oriental.)

Só o mate acalma o torneio de ironias

El asado. Argentinos e uruguaios chamam assim o churrasco, tal qual se dizia no sul do Brasil, no século XIX. Há muito tempo o *Che* não come essa carne suculenta, assada inteira, que no Rio da Prata é parte do quotidiano. Nas andanças de jovem, na Bolívia e na selva do Peru, habituou-se à batata e ao milho. Depois, na Guatemala e no México, o núcleo alimentar era o milho – as *tortillas*, o *elote* ou os apimentados *tamales*, elegantemente servidos na folha de bananeira em que são cozidos. Em Cuba, acostumou-se aos *moros y cristianos*, quase igualzinho ao feijão com arroz do Brasil. Também na culinária, sua pátria é a América.

Mas o churrasco o acompanha desde o momento em que nasceu, a 14 de junho de 1928, em Rosário, e o pai festejou o primogênito com uma festa para a vizinhança com carne e mate. Agora, aos 33 anos, ele é o mais moço neste almoço que, em meio ao chimarrão, mistura homenagem com desconfiança, respeito com ironia. Sua vida foi e continuará assim, num ir e vir. Em Cuba ele guerreou e triunfou, é ministro, mas passarão uns anos e irá sentir-se quase um estranho. Ou, como lhe escreverá a mãe e confidente, respondendo à carta em que ele se despede para ir ao Congo em 1965: "...onde fores, serás sempre um estrangeiro".

Para ele, a pátria está na doação dos gestos e só há um povo: a humanidade. Em Punta del Este, após esse churrasco, dialogou com serenidade ao longo de quase três horas, em entrevista a uma centena de jornalistas. Só se irritou quando mencionaram a Argentina como sua "expátria".

(Em outubro de 1967, combatia na Bolívia quando foi ferido, capturado e, no dia seguinte, assassinado. Era um "estrangeiro-invasor" ou tinha dentro de si todos os povos do mundo?)

Argentino ou cubano? O olhar vai além da geografia!

O último chimarrão, de pé, ao sair.

No churrasco de Haedo, os pequenos entreveros surgiam como prenúncio das horas seguintes. A mensagem do presidente John Kennedy propondo oficialmente a *Aliança para o Progresso* como "um programa de ajuda ao continente" tinha aberto a conferência e criticava com dureza Cuba, mas não a excluía peremptoriamente "do seio da comunidade hemisférica". Essa expressão era o jargão dominante nessa época de Guerra Fria e significava o alinhamento submisso, absoluto e cego com os Estados Unidos. Crer ou morrer. Jamais questionar ou duvidar.

Em Punta del Este, Ernesto Guevara de la Serna, o *Che*, atreveu-se a duvidar. E é isso que o fará diferente. (Anos depois, até em Cuba ele ousará duvidar! "Devemos idolatrar a dúvida", dizia Nietzsche, e ele põe em prática a ideia). Era a primeira vez que um dos comandantes da Revolução vinha a uma conferência interamericana depois da fracassada invasão patrocinada pela CIA e após Cuba proclamar-se socialista, e com um agravante: a reunião fora convocada para isolá-la dos demais governos das Américas, como se uma muralha rodeasse a ilha do Caribe. No segundo dia da reunião, o secretário do Tesouro dos EUA, Douglas Dillon, deixou evidente essa situação. Sua exposição sobre a *Aliança para o Progresso* pouco acrescentava aos relatórios das "comissões técnicas" da OEA, e o novo eram suas acusações indiretas a Cuba. Isso era ainda mais duro do que uma acusação frontal: a via indireta soava como aviso às outras nações latino-americanas de que sofreriam as mesmas consequências, se optassem por alguns dos caminhos da Revolução Cubana.

Dentro e fora da reunião, uma ansiosa expectativa aguardava o discurso do chefe da delegação cubana, na quinta sessão plenária, na tarde de 8 de agosto de 1961. O *Che* não recebera formação jurídica e estava mais familiarizado com a linguagem médica ou o jargão militar, mas na estrutura do discurso, já ao início, parecia um célebre advogado. Falou durante 2 horas e 35 minutos, de pé e de improviso, sem consultar anotações. Às vezes tomava um papel e lia, mas tão só para citar textualmente documentos ou afirmações de terceiros.

Não o fotografei no recinto da reunião. Estava credenciado para cobrir o encontro como jornalista, não como fotógrafo, e, assim, não podia entrar com máquina fotográfica no edifício da reunião, o *Casino de las Américas*, onde se jogou naqueles dias outro tipo de roleta ou de bacará.

Os entreveros do almoço prenunciaram as horas seguintes

O discurso

O discurso do *Che* começou com um exórdio, uma introdução direta mas elegante, como se abrisse caminho para que a palavra dura dos momentos seguintes fosse recebida como um abraço. Os grandes oradores (hoje substituídos pelos truques da imagem eletrônica) sempre abordaram dessa forma os temas conflituosos ou difíceis e ele, o revolucionário e guerrilheiro, manteve a tradição da forma clássica do discurso parlamentar ou jurídico.

Ao longo de imensa mesa em U sentavam-se o chefe e o subchefe das delegações; atrás, os demais delegados e assessores. A norma era que falassem sentados e lessem discursos. Mas, já quando o *Che* pôs-se de pé, sem papel algum ante os olhos, vimos todos que o curso da conferência começava a mudar. Dois dias antes, o secretário do Tesouro dos EUA tinha iniciado seu discurso citando José Martí, o herói da independência de Cuba, sobre o valor da liberdade nas Américas, e isso dera às palavras de Douglas Dillon um ar de antecipada vitória através da ironia. No mesmo diapasão, o *Che* agradeceu "o presente de um delegado" e em tom firme sublinhou: "Contestaremos, pois, a Martí com Martí, mas com o Martí anti-imperialista e antifeudal, que morreu frente às balas espanholas lutando pela liberdade de sua pátria".

Lembrou que citaria palavras de Martí na Conferência Monetária Internacional, 70 anos antes. Tomou um papel e leu:

> Quem diz união econômica, diz união política. O povo que compra manda; o povo que vende serve; há que se equilibrar o comércio para assegurar a liberdade. O povo que quer morrer vende só a um povo. E o que quer salvar-se vende a mais de um. A influência excessiva de um país no comércio de outro converte-se em influência política. A política é obra dos homens, que rende seus sentimentos. Quando um povo forte dá de comer a outros, faz-se servir dele. Quando um povo forte quer dar batalha a outro, compele à aliança e ao serviço os que necessitam dele. O povo que quer ser livre, que seja livre nos negócios. Distribua seus negócios entre outros países igualmente fortes. Se deve preferir a algum, que seja o que o necessite menos. Nem uniões de América contra Europa, nem com Europa contra um povo de América. O comércio vai pelas vertentes de terra e água, e atrás de quem tem algo a trocar, seja monarquia ou república. A união com o mundo, e não com uma parte dele; não de uma parte dele contra a outra. Se algum ofício tem a família de repúblicas da América, não é o de levar a birra de uma delas contra as repúblicas futuras.

Essa visão de 70 anos antes (que o *Che* só reproduzia) parecia ter nascido nesse 1961, em plena Guerra Fria, quando comerciar com as nações comunistas gerava desconfiança e medo.

Logo, Guevara rebate o argumento de que a conferência é uma reunião técnica, não política: "É política porque as conferências econômicas são políticas. E é política porque está concebida contra o exemplo que Cuba significa para o continente: o de que um país pode levantar-se em armas, destruir um exército opressor, formar um novo exército popular, plantar-se frente ao monstro invencível, esperar o ataque do monstro e derrotá-lo também".

Menos de quatro meses antes, a CIA norte-americana tinha patrocinado e organizado a invasão de Cuba, mas ele não se detém nisso para caracterizar a situação de país agredido. Prefere lembrar os primeiros tempos após o triunfo da Revolução:

> É uma longa cadeia que nos leva a desembocar aqui. Em outubro de 1959, tínhamos feito apenas a reforma agrária, medida econômica fundamental, e aviões piratas partiram dos EUA e lançaram projéteis sobre Havana: houve dois mortos e meia centena de feridos. Logo, a agressão à nossa riqueza econômica: as queimadas dos campos de cana, cuja responsabilidade os EUA negaram sempre, até que explodiu um avião, com piloto e tudo, e se demonstrou a procedência das naves piratas. Dessa vez, o governo dos EUA teve a gentileza de "pedir desculpas"... Uma dessas naves bombardeou o engenho *Espanha*, em fevereiro de 1960. Em março, o vapor *Le Couvre*, que trazia da Bélgica armas e munições, explodiu no cais de Havana, com mais de 100 mortos, num acidente comprovadamente intencional. Em maio de 1960, o conflito com o imperialismo tornou-se frontal. As companhias de petróleo que operavam em Cuba se negaram a processar o petróleo comprado na União Soviética, no uso do nosso direito a comerciar com todo o mundo. A URSS teve de nos enviar, então, centenas de navios com combustível refinado para que não se paralisasse nossa indústria.

Em julho de 1960, lembrou, "as contradições se aguçam com a agressão econômica dos EUA", ao suspender a compra de açúcar cubano. Em agosto, a reunião da OEA em Costa Rica, numa alusão à ajuda soviética, "condena energicamente a intervenção ou ameaça de intervenção, mesmo condicionada, de uma potência extracontinental em assuntos das repúblicas americanas". Em segundos, o *Che* parece encarar um a um os delegados antes de soltar sua ironia: "Os países irmãos da América nos negavam o direito à defesa, numa das mais curiosas negações na história do Direito Internacional".

A ironia mordaz alcança o clímax quando o *Che* analisa o "projeto técnico" da Aliança para o Progresso. Chama de "incongruente" a ideia de considerar as obras de saneamento básico como propulsoras do desenvolvimento e lê a proposta da comissão técnica da OEA: "...melhorar as condições sanitárias, além de desejável em si mesmo, constitui um requisito essencial, prévio ao crescimento econômico, e portanto deve ser parte essencial dos programas de desenvolvimento da região...".

E lança seu diagnóstico desafiante: "Qualificaria isso quase como uma condição colonial. Dá-me a impressão de que se está pensando em fazer da latrina o fundamental".

Não houve tempo sequer para que a assembleia se recompusesse do susto ao ouvir aquela expressão – "latrina" trouxe à reunião um cheiro e um eco diferente, e ele prosseguiu: "Por acaso, isso melhora as condições sociais do pobre índio, do pobre negro, de quem jaz em condições sub-humanas? Vamos fazer-lhes latrinas e, então, depois que lhes fizermos latrinas, depois que a educação lhes permitir mantê-las limpas, todos eles poderão gozar dos benefícios da produção! Por isso, o tema da industrialização não figura nas análises técnicas. Para os senhores técnicos (da OEA), planejar é planejar a latrina!".

E indagou: "Não estarão brincando conosco? Dólares para rodovias, caminhos, dólares para bueiros e esgotos, mas com que se faz tudo isso, com que se fazem as casas? Por que não se dão dólares para equipamento, para maquinaria, dólares para que nossos países subdesenvolvidos, todos eles, possam converter-se em industriais-agrícolas de uma só vez?".

(Na semana seguinte, a 16 de agosto, a dois dias do encerramento da reunião, o *Che* comunicou, em plenário, que iria abster-se de firmar a ata de adesão à Aliança para o Progresso.)

Mordaz, ele critica o tipo de ajuda dos EUA

Aplausos, muitos aplausos. Quando ele concluiu o discurso e sentou-se, os aplausos (vindos quase só dos assistentes convidados) foram entrecortados pelo ruído seco de um salto e um grito. "*Asesino, asesino!*", berrou um dos assistentes, erguendo o braço e pulando em direção ao *Che* na mesa dos delegados. No mesmo instante, Tamayo (o custódio) saltou como um felino sobre a mesa e abriu uma bandeira de Cuba à frente do *Che*, encobrindo e tapando o alvo.

Em segundos, o quase agressor foi contido pelos guardas uruguaios e Tamayo postou-se outra vez atrás do *Che*, que sorria imperturbável, como se lhe ecoasse unicamente o que havia dito no discurso. Em seguida, levantou-se e saiu da sessão, com Tamayo. Dezenas de fotógrafos e jornalistas (inclusive eu) saíram também, pensando que abandonava a reunião, mas ele calmamente entrou no *toilette*. Ou na elegante e urbana latrina da sede da conferência. Ao sair, caminhou até o barzinho, ao lado, e tomou uma coca-cola, como se refrescasse a garganta engolindo um dos símbolos do imperialismo. Minutos depois, voltou à sala de reunião.

Dois dias depois, Leonel Brizola me procura na reunião e, "em sigilo", conta-me que se retirará da delegação do Brasil, da qual é conselheiro especial. "As instruções do presidente Jânio Quadros, de apoio a Cuba, não estão sendo cumpridas e o Brasil só faz o jogo dos EUA", explica. Deixará uma carta ao ministro da Fazenda, Clemente Mariani, chefe da delegação, mas não se despedirá dele nem de ninguém. Pessoalmente, quer despedir-se apenas de Guevara. Pede-me que eu o localize e me dá, inclusive, seu carro com chofer.

Nessa tarde, o *Che* saíra cedo da reunião e demoro a saber onde está. Vou encontrá-lo ao anoitecer, no quarto do hotel, às voltas com uma crise de asma. Conto-lhe de Brizola, ele me ouve em silêncio e responde apenas com uma pergunta:

– *Dónde está él?*

Agarra a boina e, no carro do governo gaúcho (eu a seu lado, Tamayo junto ao motorista), vamos à sede da reunião. Os dois se encontram e conversam de pé e a sós, numa salinha envidraçada. Do lado de fora da porta vejo tudo, sem ouvir. Brizola fala sem parar. Logo, é a vez do *Che*. Uns 20 minutos depois, despedem-se e o *Che* entra no salão da conferência.

– Esta é uma reunião das oligarquias das Américas, não uma reunião dos povos das Américas! – comenta-me Brizola, antes de rumar a Montevidéu e, daí, retornar ao Brasil. A frase tinha a marca registrada do *Che* e só podia vir dele.

"Uma reunião das oligarquias, não do povo das Américas"

O Playa Hotel é espaçoso mas simples, modesto até, e parece em festa permanente, com bandeirinhas de Cuba enfileiradas pelo ar no saguão e no refeitório nesses dias em que o *Che* e sua delegação ali se hospedam. E é lá que ele janta com a família, que veio de Buenos Aires para vê-lo e matar saudades.

Pela primeira vez na vida adulta, ele – o primogênito – se reúne de uma só vez com todos os irmãos: Celiita (junto, o marido), Roberto, Ana Maria e o caçula, Juan Martín, ainda um menino. Também com o pai, Ernesto Guevara Lynch, a mãe, Célia de la Serna de Guevara, e, além de tudo, tia Beatriz, a matriarca dos De la Serna. Ela é sua orientadora (dele e de todos) desde pequeno, tal qual a mãe é sua confidente.

A família hospeda-se no distante Chalet Suisse e só agora se encontra com ele. Na tarde do discurso do *Che*, divisei dona Célia (a quem eu conhecera no Brasil) e o marido junto ao prédio da reunião, sem poder entrar. Ela me reconheceu e consegui resolver o problema de Ernesto pai: dei-lhe minha credencial, sem fotografia, e ele entrou na reunião. Lá, a entregou a Tarso de Castro, que saiu à rua para eu poder entrar. A ceia é um reencontro íntimo e a imprensa não entra. Dois seguranças cubanos me barram à porta do saguão. O hotel é pequeno (da portaria se vê o restaurante) e, em voz alta, chamo dona Célia, que deixa o jantar e vem me atender. Manda-me entrar. Só eu, ninguém mais. Os outros fotógrafos dão-me as suas máquinas e chego ao refeitório, metros adiante, tão carregado que, ao me aproximar, os outros seguranças cubanos me rodeiam, espantados com aquele estranho colar de câmeras ao pescoço, que pode ocultar uma arma.

Sentada à cabeceira da mesa e com a austera elegância britânica da antiga oligarquia argentina, vestido preto, chapéu e colar de pérolas de quatro voltas, tia Beatriz é a figura central, a matriarca e mais idosa da família. A seu lado, *el Tete*, o sobrinho querido de sempre; junto a ele, dona Célia, a mãe. À frente, o pai.

Sem flash, bato três fotos, rápido, e me retiro.

Aquela noite foi a última ceia, a última vez, e aquelas foram as derradeiras fotos do grupo, que nunca mais pôde juntar-se. A tia materna morreu anos depois. Dona Célia foi presa na Argentina em 1964 e no ano seguinte, quando faleceu, *Tete* estava "em nenhum lugar", incógnito e inacessível, no Congo e em luta. Já não era *el Tete* da infância, mas *el Che*, definitivamente.

A última ceia com a família reunida

A conferência aproxima-se do fim. O frio, a umidade do mar, as pressões e as tensões provocam-lhe sucessivas crises de asma e ele toma altas doses de corticoides. E é com o rosto inchado, efeito do medicamento, que o *Che* se reúne com o chefe da delegação do Brasil, o ministro da Fazenda, Clemente Mariani, e o subchefe, Artur Bernardes Filho, ministro da Indústria e Comércio, no apartamento dos brasileiros no luxuoso Hotel Casino San Rafael, à noite. Quando os fotografo, antes e após a reunião, Mariani está risonho, tal qual o *Che*, contrastando com a sisudez de Bernardes Filho, o enfado estampado no rosto, como se preferisse estar à mesa da roleta, no térreo do hotel, onde costumava jogar até a madrugada.

Após o encontro, o sorriso do *Che* é de contentamento e, quando empunho a máquina para fotografar, ele brinca: "Sem luz e sem flash?? Vocês brasileiros fazem milagres em tudo!".

De novo, a ironia! No México, antes de conhecer Fidel Castro, Guevara trabalhara como fotógrafo e sabia como fotografar, mas suas palavras, agora, não se dirigiam só à minha máquina sem flash, e sim à reunião. Pouco antes, Mariani lhe assegurara que a posição cautelosa ou reticente do Brasil na conferência não significava hesitação nem dubiedade, mas "apenas tática". O próprio presidente Jânio Quadros queria reafirmar-lhe "o apoio total à autodeterminação de Cuba" num encontro pessoal e o convidava a visitar Brasília, na volta da reunião da OEA.

(*Em verdade, Brizola tinha se equivocado sobre o ministro da Fazenda: ao alinhar-se com "o programa de ajuda" dos EUA, Mariani também cumpria indicações presidenciais. A esquizofrenia política de Jânio Quadros – oscilando sempre de polo a polo – é que tinha dado instruções opostas ao conselheiro especial e ao chefe da delegação.*)

O encontro privado com a delegação do Brasil

Na independência de Cuba, os espanhóis saíram e os norte-americanos entraram, e ali se instalaram como numa espécie de pátio dos Estados Unidos. Numa ponta puseram a base militar de Guantánamo. Na outra, em Havana, até os legumes vinham de Miami, a 70 milhas. A "revolução dos barbudos" rompeu com isso, nacionalizando as empresas norte-americanas e, nesse agosto de 1961, os dois governos já são adversários frontais. O presidente Dwight Eisenhower, um republicano, rompeu relações diplomáticas, e o democrata John Kennedy, ao assumir, anunciou uma reaproximação, mas a CIA fez estremecer tudo com a invasão de Playa Girón.

Na delegação norte-americana em Punta del Este, porém, há quem queira dialogar com Cuba.

Os Estados Unidos e Cuba se desentendem e estão quase em guerra, a poucas milhas um do outro. Antes, sempre estiveram perto, tão perto que a sombra do maior humilhou o menor. Mas por que não podem reaproximar-se? Pela Guerra Fria? Mas e se o frio se aquecer e engolir o planeta no bojo das bombas nucleares de ambos os lados? Nesse 1961, Cuba se aproxima da União Soviética, mas ainda não está na sua área de influência. "Por que não evitar que seja um mero satélite?", terá raciocinado, pelo menos, um dos membros da delegação dos EUA.

A Aliança para o Progresso era um programa de ajuda, sim, mas soava, também, a tentativa de suborno. Os EUA ofereciam dinheiro, e os governos latino-americanos queriam dinheiro. As reformas estruturais ficavam para depois. "Desenvolver-se" era fazer obras, construir o que fosse – edifícios públicos, estradas, moradias e, principalmente, cloacas e esgotos, muitos esgotos subterrâneos, para jogar nos rios, lagos ou mares as fezes malcheirosas, a obra de uma sociedade cheia de abismos e desníveis. "Um programa para construir latrinas", tinha dito o *Che* Guevara.

Em parte, tudo parecia uma concreta paródia daquela marchinha de carnaval, "Me dá um dinheiro aí", na moda na época.

Uma paródia? A ideia foi de Hamilton Chaves, secretário de Imprensa do governo do Rio Grande do Sul e veterano compositor musical, que começou a cantarolar. Logo, deu o ritmo batendo na mesa do mais sofisticado restaurante de Punta del Este. Em poucos minutos, no *La Marisconea*, todos cantávamos o que viria a ser o hino burlesco da conferência: a paródia do "Me dá um dinheiro aí".

Para rimar, mudávamos a pronúncia de Kennedy, acentuando o som do "y" final (dizendo Kenedí, e não Kênedi), e cantávamos: "*Oi, seu Kennedy,/ me dá um dinheiro aí,/ me dá um dinheiro aí./ Não vai dar? / Não vai dar, não?/ Então eu vou / fazer revolução./ Vou deixar a barba crescer,/ Aliança para o Progresso/ só com barba tem sucesso,/ Aliança para o Progresso só com barba tem sucesso*".

Entusiasmado, o jornalista argentino Alfredo Muñoz Unsaín, *El Chango*, que dirigia a sucursal uruguaia da agência cubana Prensa Latina, copiou a letra num guardanapo e o levou ao *Che*.

Mesas adiante, Richard Goodwin, que aos 29 anos era o mais jovem e influente membro da delegação dos EUA, riu-se muito quando lhe traduziram a letra. E ali, ao som do "*give some money to me*", começou a gestar-se o grande segredo da conferência: o encontro do *Che* com o assessor especial de Kennedy, o próprio Goodwin. Precisávamos de apoio governamental, e dois diplomatas, o argentino Horacio Rodríguez Larreta e o brasileiro Edmundo Barbosa da Silva, ofereceram o aval das delegações de ambos os países e trabalhamos todos juntos, sem ter ideia sobre onde poderíamos chegar.

Começa a gestar-se o grande segredo

Por mais de 30 anos, o encontro do *Che* com o mais direto assessor de Kennedy permaneceu oculto.

No jornalismo, nada é mais terrível do que guardar sigilo de algo importante ou sensacional, e a dor se agrava quando o próprio jornalista é parte do fato. O acordo, porém, foi tácito, espontâneo e taxativo: nada seria dito nem publicado, ninguém faria comentários sobre o teor da conversa. Num mundo de desavenças, em que a guerra nuclear rondava como fantasma, ajudar a que Cuba e Estados Unidos conversassem sem formalidades já compensava o sacrifício de "calar para sempre".

O segredo foi tão absoluto que amenizou as peripécias em busca do encontro.

Goodwin relutou ao início, mas o diplomata argentino insistiu e acabou por convencê-lo. Guevara ouviu a sugestão em silêncio. Titubeou ao não entender a frase inicial, que Hermano Alves lhe disse em português com ininteligível chiado carioca, até que eu o interrompi e expus a ideia em espanhol. Argumentei que Goodwin, moço, culto e educado, redigia os discursos de Kennedy há anos e era seu mais íntimo assessor. Ambos eram de Boston e reunir-se com Goodwin era "quase o mesmo" que reunir-se com Kennedy. O *Che* continuou em silêncio longos segundos, como numa jogada de xadrez em que aferisse a partida inteira antes de mover qualquer peça. Logo, perguntou "quando e onde seria". E, horas depois, pela meia-noite de 16 para 17 de agosto, chegou à mansão de Maurício Littmann, nos *Cantegriles*, um antigo areal de dunas que esse argentino nascido na Polônia transformara no bairro mais elegante de Punta del Este.

O pretexto vinha a calhar: Littmann homenageava a delegação brasileira com "a casa aberta". Durante mais de duas horas o *Che* esteve ali, mimoseado por todos. O anfitrião fora comunista na mocidade e parecia querer demonstrá-lo ao indicar o imenso mural no salão principal: "*Es de Portinari, brasileño y comunista!*".

Cores fortes, com tucanos, pássaros amazônicos e micos pendendo das árvores pelo rabo, o mural mais parecia uma bela extravagância de Portinari, distante da sua pintura social. O *Che* limitou-se a dizer "*muy lindo*", taciturno, talvez pensando nas palavras do segundo ato.

Escreveu cartões-postais para a mulher e os filhos, comeu pouco e só bebeu água mineral. Quando fiz o garçom servir-lhe Coca-Cola, que tomou devagar, ele entendeu o sinal e escapuliu para um salão menor, onde já estava Goodwin. Conversaram durante mais de meia hora. Rodríguez Larreta e Barbosa da Silva se alternaram como intérpretes.

Dialogar é sempre possível

No dia seguinte, o *Che* convidou dois jornalistas para acompanhá-lo no avião cubano a Brasília, à reunião com o presidente Jânio Quadros: eu e Hermano Alves, do *Correio da Manhã*, do Rio. Por cabograma, a comunicação rápida da época, avisei à *Última Hora* de Porto Alegre e me responderam que não viajasse: a sucursal de Brasília cobriria "tudo" e, ademais, o *Che* "já não era mais assunto". Ausente há quinze dias, devia voltar. E voltei sem testemunhar o ato em que, às 7:30 da manhã de 19 de agosto de 1961, Guevara passou em revista as tropas formadas em sua honra defronte ao Palácio do Planalto e, depois, foi condecorado pelo presidente do Brasil com a Grã-Cruz do Cruzeiro do Sul.

Perdi, assim, a possibilidade de observá-lo sob novos ângulos, ou noutro ambiente, e tentar penetrar no seu íntimo para interpretá-lo além dos trejeitos do rosto, que, às vezes, o assemelhavam a Cantinflas, o famoso cômico do cinema mexicano daqueles tempos. De Montevidéu à capital brasileira, o turbo-hélice Britannia da Compañía Cubana de Aviación levaria mais de quatro horas, suficientes para observá-lo descontraído, pernas para o ar e sem botas. Isso era mais importante do que qualquer coisa que ele me dissesse. Mais, até, do que alguma frase solta sobre Goodwin.

Ao não viajar, privei-me (ou me privaram...) de tentar saber o que lhe disse Jânio Quadros na reunião de uma hora, sem intérprete, e da qual nada se conheceu depois. A função jornalística é um contínuo desvendar, numa busca do oculto, do "furo" que leva a entender o que ninguém sabe e, nesse dia, vivi minha primeira grande frustração. Muito pior do que guardar segredo do que eu sabia da reunião com o assessor de Kennedy era não ter acesso ao que eu desconhecia.

No meio da tarde, ao retornar de Punta del Este, o automóvel passou pelo aeroporto de Montevidéu e, de longe, vi o avião cubano pousado, a escadinha pronta para receber passageiros. E a frustração cresceu! Se nele tivesse entrado, saberia por que ninguém vira o *Che* pela manhã: incógnito, num pequeno bimotor, ele voou a Buenos Aires e lá se reuniu com Arturo Frondizi, presidente da Argentina, voltando direto a Montevidéu, rumo ao Brasil.

O memorandum secreto

Num memorandum confidencial enviado a Kennedy em 22 de agosto de 1961, liberado pela Casa Branca 30 anos depois, Goodwin relatou o encontro com o *Che*.

> **...por trás da barba rala, tem feições suaves, quase femininas, mas a face é contraída. Revelou muito senso de humor e trocamos gracejos. Demonstra acreditar no comunismo, mas em suas palavras não há propaganda nem fanfarronice. Pareceu-me calmo, frio e objetivo. (...) Disse que pretendem construir um estado socialista e que a revolução é tão irreversível como a decisão de manter-se fora da área de influência dos EUA.(...) Foi franco sobre os problemas econômicos de Cuba, as escassas reservas de divisas e os prejuízos causados pelo embargo dos EUA. Cuba sabe que um entendimento com os EUA é impossível agora, mas quer chegar a uma forma de coexistência, um *modus vivendi.* Em troca, não faria nenhuma aliança política com o Leste (os países comunistas)(...), os laços com o Leste provêm de simpatias naturais e visões semelhantes sobre o poder e a sociedade (...). As empresas norte-americanas desapropriadas não serão devolvidas, mas é possível encontrar formas de indenização através do comércio. Quanto à base de Guantánamo, disse que Cuba jamais a atacará, "obviamente", e deu uma gargalhada, rindo da óbvia natureza do que dizia. Ao final do encontro, frisou que queria agradecer aos EUA pela invasão, pois proporcionou a Cuba uma grande vitória e ampliou a atração que exerce nos povos do continente.**

Da conversa, Goodwin concluiu que o *Che* devia saber que a União Soviética não poderia atender às necessidades econômicas cubanas. Dias depois, noutro memorandum, sugeriu que, por um lado, Kennedy fosse ainda mais duro e ampliasse o embargo a Cuba e, por outro, tentasse dialogar em surdina para buscar uma divisão na cúpula do governo cubano.

A entrevista coletiva

O documento mais amplo da personalidade do *Che* talvez tenha sido a entrevista coletiva que concedeu a uma centena de jornalistas, à noite de 9 de agosto de 1961, no refeitório do hotel, transformado em auditório. Houve todo tipo de perguntas, e até na forma de tratá-lo evidenciava-se a diferença entre indagar e espezinhar. A maioria dos jornalistas o chamava de "*doctor*" ou "*señor*", com perguntas às vezes provocativas, como os do Uruguai, Venezuela e Colômbia, mais até do que os norte-americanos. Os cinco brasileiros presentes o trataram de "comandante" ou "ministro", respeitosamente.

Além de mim, enviado pela rede de jornais *Última Hora*, lá estavam Frederico Heller, por *O Estado de S.Paulo*; Hermano Alves, pelo *Correio da Manhã*, do Rio; e Tarso de Castro, do *Jornal do Dia*, de Porto Alegre, além de Hamilton Chaves, secretário de Imprensa do governo do Rio Grande do Sul, que, nessa condição, absteve-se de perguntar.

Reproduzo minha pergunta e a resposta, tal qual apareceram no texto íntegro da entrevista, no jornal *El Popular*, de Montevidéu:

A pergunta: Comandante Guevara, como Cuba espera resolver o problema da base norte-americana em Guantánamo, que não é somente um problema militar, mas principalmente político?

A resposta: "Cuba denunciou repetidamente a ofensa à dignidade nacional e o perigo para a paz que significa a base militar de Guantánamo. Cuba levou o assunto a organismos internacionais e aqui mesmo apresentamos moções para que se tomem decisões para abandonar esse tipo de bases militares noutros países. Pensamos, porém, manter essa disputa no plano dos princípios e na discussão em organismos internacionais. Não colocaremos em perigo a paz no mundo – porque põe-se em perigo a paz do mundo por uma ação em Guantánamo – de nenhuma maneira, de nenhuma classe. Ao contrário, nos cuidamos das provocações".

Os outros três brasileiros indagaram-lhe sobre o comércio com o Brasil e a política externa do presidente Jânio Quadros. O *Che* lembrou um documento recente em que "o Departamento de Estado norte-americano coloca o Brasil como o principal obstáculo aos planos de agressão dos EUA contra Cuba" e frisou: "Expresso nosso agradecimento ao presidente Quadros e nosso apoio à política exterior do Brasil, sem reservas".

Uma pergunta de um jornalista uruguaio, jocosa e provocativa, feita após duas horas de bombardeio ininterrupto, define a agilidade do *Che*. "A pergunta parecerá supérflua", disse o jornalista, mas "quero saber como vive, o que come, se bebe, se fuma e – com perdão das damas – se gosta de mulheres".

A resposta, imediata: "Vim aqui para responder a todas as perguntas, até as de mau gosto! Deixaria de ser um homem se não gostasse das mulheres. Mas deixaria de ser revolucionário se deixasse de cumprir tão só um de meus deveres revolucionários e de meus deveres conjugais só por gostar das mulheres. Trabalho de 16 a 18 horas ao dia. Durmo seis, se posso, ou menos até. Não bebo, mas fumo. Não vou a nenhum tipo de diversão; sou um convencido de que tenho uma missão a cumprir no mundo, e de que por ela devo sacrificar o lar, os prazeres diários comuns, a segurança pessoal e, talvez, sacrificar minha vida. Mas é um compromisso que adquiri com o povo e do qual não posso me desligar até o fim da minha vida".

Por acaso, não estava aí a antevisão do seu destino?

Os pés pelas mãos

– 1 –

Depois, num encontro restrito do *Che* com antigos amigos e seis jornalistas, fiz uma pergunta que destoava do tom daqueles tempos em que dialética e filosofia marcavam a revolução. Houve risos de sarcasmo e entreolhares de surpresa. Só mesmo um "*macaquito brasileño*" indagaria algo tão simples e sem sentido, que raiava a tolice, em meio àqueles argentinos de fama e prestígio, que discorriam com total naturalidade sobre o empirocriticismo ou a identidade dos contrários, para exibir o máximo de sabedoria ao conterrâneo famoso.

Só ele, o anfitrião e entrevistado, não riu nem sorriu e, em voz alta, repetiu a si mesmo a pergunta:

– *Qué es lo más importante en un combatiente?*

No inverno úmido, a asma reaparecia e, às vezes, lhe travava a respiração, mas Ernesto *Che* Guevara não titubeou na resposta:

– *Las extremidades*! A extremidade inferior, os pés! – exclamou, e a gargalhada de zombaria foi geral.

Outra vez, só ele não riu. E, sem ouvir o riso galhofeiro dos que se riam unicamente por pensar que ele também iria rir, tomou um tom ainda mais sério e começou a falar da importância das extremidades. Sim, porque os cuidados essenciais são três, e nessa santíssima trindade está o poder de ataque e defesa do combatente, sua condição de céu ou inferno. Primeiro a cabeça, extremidade superior, que conduz tudo. Perder a cabeça é perder-se, seja onde for. Logo, as extremidades laterais, os braços. Ágeis, envolventes e voluptuosos como no amor, ou lentos e inertes como no sono, os braços – e neles as mãos – definem um ritmo, o ritmo do corpo que controla a carabina, movendo-se como uma bailarina na dança ou uma serpente na árvore.

Por fim, as extremidades inferiores, os pés, sustentação do corpo e dos braços. Base da base e de tudo que é básico, os pés definem e guiam o passo da coluna guerrilheira. A velocidade de quem avança, quem marca é o pé mais cansado ou menos cansado. A cadência, é ele que dá, até mesmo na correria do recuo, quando nos atacam e retrocedemos. Se o pé aguenta, tudo se aguenta.

O *Che* fitou o alto da parede da sala do hotel e disse:

– Nossa experiência guerrilheira em Cuba mostra algo simples, rudimentar. Pode-se descuidar de todo o corpo, menos dos pés. Um combatente pode ficar semanas ou meses sem um banho, mas deve lavar os pés a cada dia. A roupa pouco importa, mas o calçado é fundamental! – completou Guevara, pernas cruzadas, tocando com a mão a própria bota, do cano à sola, numa irrefreável carícia.

O pequeno auditório já não se preocupava com o exibicionismo das frases e se limitava a ouvi-lo. Os pés são uma bússola, e os sapatos que calçam o pé, uma bússola da bússola. Até em Punta del Este, os pés definem posturas e caminhos. Basta olhar os sapatos reluzentes dos ministros da América Central para entender que, neles, todo o brilho e inteligência está nos pés e que a maciez do calçado já integra o corpo, que se verga e se dobra a tudo o que venha do país do Norte. Só as botinhas do ministro de Economia de Cuba são austeras, resistentes e sem verniz. São coturnos, não sapato de festa.

Nesta reunião, só Guevara e Douglas Dillon, o secretário do Tesouro dos EUA, não usam sapatos brilhantes. São os únicos que, frente a frente, debatem ou se atritam e não curvam a espinha dorsal. O calçado é bússola, acabou de nos indicar o *Che*.

– 2 –

Nesse 1961, nenhum de nós sequer fantasiaria que anos depois, em 1965, ele combateria descalço no Congo. Por decisão própria, lá tirou as botas. Dias e dias pisou descalço as charnecas africanas e levou todos os cubanos a fazerem o mesmo, ao ver que os negros congoleses – ao lado de quem lutava – não tinham botas nem conheciam qualquer sapato. Tinha que "dar o exemplo da igualdade", que, na extensa pobreza da África, começava pelos pés.

Foi preciso que o *Che* morresse, no final de 1967, para que, tempos depois, soubéssemos, pelo seu "diário" da guerrilha, que ele não calçava botas nem qualquer sapato ao ser ferido e capturado na Bolívia. Seus pés estavam envolvidos apenas por uma tosca proteção de couro cru de algum pequeno quadrúpede do campo, carneado e secado ao sol, amarrada com tiras e enrolada até as canelas, onde voltava a ser atada com um nó minúsculo para evitar que caísse.

Ele andou assim durante o último mês de combatente, desde que a correnteza levou água abaixo a balsa com o par de botas, a mochila suplementar, algumas armas, munição e rações de alimentos, na travessia de um rio. Ainda nadou para tentar alcançá-la, mas a água foi mais veloz e ele perdeu tudo.

Às noites, naquele dormitar rápido em que o sono vigiava o inimigo, ele sonhava encontrar as botas à margem de um rio qualquer e se sentia outra vez rápido e ágil, libertado daqueles grilhões de couro seco que ele mesmo inventara. O sonho, porém, esbofeteava-o como um pesadelo e o feria ainda mais. Seus pés, machucados por aquele envoltório de couro duro e sem curtir, não pareciam os dele próprio, como nem ele mesmo se parecia ao que era, com aqueles imensos cabelos desgrenhados.

Quando viu a balsa correndo rio abaixo, sem poder alcançá-la, terá ele vislumbrado que aquilo podia ser o indício do início do fim?

Ou a pertinácia de nunca desistir o levou a esquecer-se de que seus pés sem bússola passavam a ser uma extremidade débil que o fazia vulnerável? Quando, porém, o tiro alcançou-lhe a perna e ele quis alongar o passo, mas os pés enrolados no couro cru resvalaram na rocha e ele só pôde arrastar-se alguns poucos metros como uma criança que engatinha, nesse momento tudo reapareceu na memória.

E ele descobriu que fora definitivamente derrotado muitos dias antes, na travessia do rio, pela correnteza das águas, lá embaixo no vale, não pelo tiro nas alturas da Quebrada del Yuro.

– 3 –

Nos meus anos de exílio em Buenos Aires, no final da década de 1970, conheci dois bolivianos que a vida militar levara a combater a guerrilha do *Che*.

Um era um ex-recruta, um "*soldadito*". Outro, o coronel Luis Reque Terán, tenente-coronel ao tempo da guerrilha, que na capital argentina se apresentava como "general" para ludibriar a vida modesta, paupérrima mesmo, que levava como asilado político. Nos contínuos movimentos golpistas na Bolívia naqueles anos, ele caíra em desgraça entre seus pares, que o mandaram ao estrangeiro à força, para poupá-lo da forca.

Em 1967, as tropas de Reque Terán tinham descoberto um esconderijo subterrâneo de documentos e víveres, na primeira vitória nas operações militares contra a guerrilha, mas seu orgulho era outro: contar como, através de um ardil, tinha enganado Régis Débray e obtido a confirmação da presença do *Che* na selva boliviana.

– O francês Débray era um cabeçudo e, ao ser detido, só deu informações genéricas. Tudo indicava que o *Che* estava por lá, e um argentino preso, o pintor Ciro Bustos, chegou a desenhar os retratos de cada um dos combatentes e, sob um rosto igual ao de Guevara, só com menos cabelo e barba, escreveu "Ramón", seu nome na guerrilha – contou.

Faltava, porém, a confirmação, que só podia vir de Débray.

– Fizemos imprimir um exemplar falso do jornal *Presencia*, de La Paz, informando na primeira página a morte do *Che* Guevara em combate e o levamos a Débray. Ele chorou muito e começou a elogiar o heroísmo de Guevara e a nos lançar palavrões. Logo, gritou: "Podem me matar vocês também. Matem-me. Vamos, me matem!". Depois que se acalmou, pouco a pouco contou tudo dos dias que havia passado com Guevara no acampamento.

O coronel e o soldadito jamais se viram nem se conheceram na Bolívia, mesmo lutando do mesmo lado. Ambos, no entanto, encaravam o *Che* e a guerrilha de um jeito pragmático e amoral, como uma fonte de dinheiro e lucro.

Em meados de 1976, o exilado Reque Terán me procurou para dizer-me quem era e propor "um negócio jornalístico sensacional". Entrou educadamente no meu escritório na Avenida Corrientes, em Buenos Aires, sabendo apenas que eu era correspondente do *Excelsior*, "um jornal poderoso num país rico como é o México", e foi direto ao assunto: tinha em seu poder uma centena de rolos fotográficos em 35 milímetros, com fotos de Guevara e de todo o desenvolvimento da guerrilha. Além disso, cadernos e anotações dele e de diferentes guerrilheiros. Tudo inédito, jamais visto por ninguém, apenas por ele próprio. Tudo encontrado no esconderijo subterrâneo.

No total, mais de mil fotografias, das quais pelo menos 500 mostravam Guevara em diferentes momentos, cabelo raspado, calvo e sem barba, ou já outra vez barbudo. Queria vender tudo ao *Excelsior* e pedia 100 mil dólares, "uma módica quantia, por tratar-se de quem se trata".

Disse-lhe que me interessava, mas teria de consultar o México, em função do preço. Literalmente excitado, insisti num pedido: que ele esperasse uma semana, enquanto me respondessem da direção do jornal, e só depois procurasse os correspondentes do *The New York Times*, do *Washington Post* e da revista *Times*, no mesmo edifício, alguns pisos abaixo ou acima do meu.

– Fique tranquilo. Não transaciono com ianques. Com eles, não! Prefiro os nossos países sem essa gente.

– Como queria o *Che* Guevara! – retruquei.

– É, sim, é, é... – respondeu encabulado e já de saída, sem saber se sorria ou apressava o passo.

– 4 –

Com o soldadito Edúlio tudo havia sido mais simples. Como recruta do Exército boliviano, alistou-se nas forças especiais, os *rangers* treinados pelos cubanos-norte-americanos de Miami, engajados na CIA e subsidiados por ela. O soldo era maior, e a comida muito melhor. O risco e o perigo eram iguais, mas havia a vantagem de que um *ranger* aprendia a defender-se na selva. Portanto, só tinha a ganhar, nada a perder.

E ganhou. No dia 8 de outubro de 1967, a patrulha de Edúlio deu alguns tiros e recebeu outros. Tinha aprendido a emboscar, tal qual os guerrilheiros, que naquele dia deviam estar cansados e famintos ou sem forças, porque subiram devagar a escarpa rochosa da montanha para proteger-se da fuzilaria intensa, pois os *rangers* eram mais de cem disparando a esmo, para todos os lados, sempre e cada vez mais.

Dois guerrilheiros subiram correndo por uma rocha curva, dispararam e tentaram proteger-se ou escapar, mas a pedra terminava ali mesmo, num despenhadeiro, à frente deles. Sempre correndo, pularam para uma rocha mais baixa e, ao correr, um deles escorregou. A carabina saiu-lhe das mãos e, quando tentou agarrá-la, resvalou de novo, foi alvejado e a arma rolou pelo barranco. Com um tiro na perna e aqueles pés sem controle que deslizavam pela pedra lisa, já não conseguiu levantar-se. O seu companheiro era ágil: gritou e tentou resgatá-lo, mas ao aproximar-se foi também ferido com dois tiros no pé.

O que escorregou duas vezes e perdeu o fuzil M-1 era *Che* Guevara. Seu companheiro era Willi. Na patrulha, Edúlio não era o chefe, nem capturou os dois feridos, mas, como estava por perto, ajudou a tirá-los dali e revisou tudo que traziam nos bolsos e nas mochilas. Não se interessou pelos livros e cadernos, pois era analfabeto e não sabia o que aquilo significava, mas ficou com o prato de ágata branco e três montes de notas de dólares, que estavam na mochila de Guevara. Não tocou em nada mais, nem nos outros dólares e dinheiro boliviano guardados no bolso da túnica. Levou o prisioneiro rengo e o entregou, direitinho, para o major Gary Prado, em Valle Grande.

Só horas depois, em segredo e sob uma árvore longe do acampamento, o soldado raso Edúlio foi contar o dinheiro: 32 mil dólares. O prato de ágata ele nem sabe onde deixou. Com aquelas notas de cem dólares, meses depois comprou em Yacuíba uma casa enorme para a família, todos pobres, a mãe idosa e muito doente. E ainda sobrou para instalar uma tendinha de comércio, muito grande também, como ninguém tinha no vilarejo. Um "presente" daquele homem com os pés embrulhados em couro cru, que escorregou duas vezes na rocha da montanha e foi morto no dia seguinte, na escolinha de Valle Grande.

A Bolívia continuou pobre, com os pobres cada vez mais empobrecidos e os altos militares cada vez mais aferrados ao poder. Na década seguinte, em busca de emprego, os irmãos de Edúlio emigraram para a Argentina, o país rico fronteiriço onde havia nascido o homem aquele dos pés de couro cru.

– 5 –

Em 1970, no meu exílio mexicano, conheci o boliviano Antonio Arguedas, que lá também estava como asilado, mas só de passagem, pois temia que a CIA o matasse e se preparava para viajar a Cuba, como de fato fez.

– Pior do que ser morto, meu temor é que esses filhos *de la chingada* armem um atentado para me deixar paralítico e mudo – disse-me ele na única vez que o vi, num hotel da Avenida Álvaro Obregón, onde o governo do México o alojava, protegido dia e noite por quatro policiais.

Arguedas opinava do alto da sua experiência. Na ditadura do general Barrientos, no último ano da guerrilha do *Che* Guevara, fora ministro do Interior da Bolívia, cargo que coordena e controla a polícia e, mais do que tudo, a polícia secreta. Como tal, havia ajudado a reprimir a guerrilha com a ajuda da CIA norte-americana, mas não se envolvera com as operações militares. Muito menos havia opinado ou participado da decisão de matar o prisioneiro ferido.

As mãos do *Che* Guevara, no entanto, o tinham levado a desertar como ministro e pedir asilo à embaixada do México na capital boliviana.

Primeiro, as mãos do *Che* vivo: quando o general Barrientos lhe mostrou aquelas duas agendas alemãs, manuscritas em letra miúda, encontradas na mochila do prisioneiro, o ministro levou para ler e leu tudo "de um vistazo", uma vista d'olhos rápida mas suficiente para entender que era o "diário" do guerrilheiro. Logo, aproveitou aquela máquina Xerox recém-introduzida na Bolívia (doada ao serviço secreto pela Embaixada dos EUA) e fotocopiou cada página antes de devolver os originais ao Exército.

Em seguida, as mãos mortas do morto: depois de exibido uma tarde inteira na morgue do hospital de Valle Grande, antes que o cadáver desaparecesse, deceparam-lhe as mãos. Dois golpes de machadinha, secos como aqueles dos açougueiros, separaram as mãos, ao começo do pulso, para cumprir com "as regras legais".

Prova-se a identidade do morto com as impressões digitais, diz a lei, mas os peritos argentinos que trariam de Buenos Aires as fichas datiloscópicas de Ernesto Guevara de la Serna, constantes ainda da sua primeira carteira de identidade, levariam dois ou três dias, no mínimo, para chegar a La Paz. As mãos decepadas foram postas, então, numa lata com formol e enviadas ao ministro do Interior na capital boliviana. Dois datiloscopistas argentinos chegaram 48 horas depois e levaram um dia inteiro para a identificação, pois o formol tinha desvanecido as marcas do polegar e dos demais dedos. Mesmo assim, puderam concluir: ele era ele, sim!

Repuseram as mãos decepadas na lata com formol e a entregaram ao ministro. Durante semanas, a lata fechada ficou num armário, junto ao gabinete de Arguedas, até que todos se esqueceram dela.

Menos Arguedas, que chamou um homem da sua confiança – daquela gente das minas de cobre, habituada a sacrifícios e perigos – e o mandou ao estrangeiro com o "diário" e a latinha de formol. O itinerário se desconhece – México ou Europa? –, e o mensageiro e o destinatário perderam-se no sigilo.

Poucos dias depois, porém, as fotocópias do "diário" e a latinha de formol chegavam a Cuba. E Fidel Castro tornou público tudo. Omitiu o nome de Arguedas (que talvez nem soubesse), mas garantiu a autenticidade do "diário" e o publicou em oito dias, simultaneamente em Cuba, no México, nos Estados Unidos, na Itália e na França. Em praça pública, anunciou ainda que faria erguer um monumento para expor as mãos embalsamadas, mas a ideia macabra terminou esquecida, felizmente.

A publicação do "diário", no entanto, tocou fundo na alta cúpula militar da Bolívia: os generais estavam vendendo os originais por três milhões de dólares a uma editora norte-americana, e o negócio gorou. E o ministro Arguedas só encontrou como saída pedir asilo à embaixada do México em La Paz.

– Por que mandou tudo a Fidel? – perguntei-lhe.

– *Bueno, lo hice y ya está!* – respondeu Arguedas, e esse "bem, eu o fiz e pronto!" era tudo naquela terrível, contraditória e bela realidade em que pés e mãos desenhavam a anatomia do combatente morto.

A imolação

A morte, sempre haverá de sobra.
A vida, nunca mais do que é preciso!
ALEXANDRE T. TVARDOVSKY
(poeta russo e editor, na antiga URSS, do primeiro livro de Soljenitzin)

– 1 –

Por mais febril que fosse a utopia e por mais apressada que fosse a ilusão, hoje é difícil entender por que o *Che* foi à Bolívia, com poucos combatentes, numa aventura praticamente improvisada e que só lá, depois que chegasse incógnito, poderia tomar forma concreta e receber apoios locais.

As anotações do seu "diário boliviano" podem indicar que, a longo prazo, ele pensava na Argentina, pois a primeira coisa que fez foi chamar alguns companheiros e amigos de lá. Só um deles, Ciro Bustos, conseguiu encontrá-lo, mas foi preso ao tentar retornar e, depois, acabou dando aos militares bolivianos e à CIA a primeira indicação sobre quem, realmente, comandava a guerrilha. Mas a ideia de que seu objetivo era a terra natal também é mera hipótese e, no fundo, indica apenas a falta de informações concretas sobre a escolha. Pergunto: por que em 1966 ele iria à Bolívia para, de lá, passar à Argentina se apenas três anos antes, em 1963, ali fracassara a tentativa de foco guerrilheiro sob comando do jornalista Jorge Masseti? O mais íntimo amigo do *Che* tinha deixado a direção da Prensa Latina, em Havana, para iniciar, no norte argentino, uma "rebelião camponesa" que, depois de implantada, o acolheria como comandante em chefe. O despreparo e as querelas internas (ou o fanatismo mórbido) fizeram, porém, com que as selvas da província de Salta (próxima à Bolívia) literalmente "devorassem" os futuros combatentes da guerrilha.

Por que, então, o *Che* escolheu a Bolívia, quando lá praticamente não conhecia ninguém? Os trabalhadores das minas tinham (e têm) longa tradição de luta reivindicatória, mas não os camponeses, aquela gente "impenetrável", como ele anotou em seu diário, da qual não extraía palavras nem entendia os gestos. O que explica essa improvisação? Dirão alguns que não foi assim e que ele "se preparou" e até aprendeu noções básicas de quíchua e aimará para comunicar-se com a população camponesa, que, em sua quase totalidade, não fala (ou não falava) castelhano. Mas, então, por que foi dar na única área de idioma guarani, onde o quíchua e o aimará para nada servem? Quem lhe sugeriu ou lhe indicou essa região?

A tentativa de explicação não está na Bolívia, mas gira ao redor de outra pergunta: por que ele saiu de Cuba?

Em parte, por sua personalidade, por sua inquietação inata. Pelo medo de ser absorvido ou devorado pelo exercício burocrático do poder, num momento em que a alta cúpula do regime cubano havia optado pelo sistema soviético e tudo importava dos soviéticos. Traziam de lá desde tratores, rádios, televisores, tecidos, lâminas de barbear ou petróleo até a centralização administrativa (através do Comitê Central do Partido Comunista), os métodos de controle policial da população, as armas, barcos e aviões.

Tudo vinha dos russos, à exceção do açúcar. Em contrapartida, o açúcar era exportado quase só para os soviéticos. Cuba tinha entrado "na órbita", passara a ser "um satélite" da União Soviética na contenda da Guerra Fria. Só faltou que os cubanos comessem *borsch* em vez de *moros y cristianos*, o feijão com arroz do Caribe.

– 2 –

Assim, antes de saber por que vai para a Bolívia em 1966, será preciso entender por que ele e seus homens de confiança vão para o Congo um ano antes. Os próprios congoleses (que haviam pedido a ajuda de Cuba para libertar-se do colonialismo belga) surpreenderam-se com a presença física do *Che*. O chefe dos rebeldes, Laurent Kabila, desnorteou-se ao recebê-lo e evitou uma conversa mais profunda. Temia, talvez, perder a chefatura do movimento que dirigia do Egito, a milhares de quilômetros de distância, hospedado num hotel de luxo no Cairo, em meio a uma vida fácil em que o *whisky* era mais importante do que tudo. O austero *Che* Guevara já era um mito da utopia da Revolução Social dos anos 1960, mas o grosso das diferentes etnias do Congo, paupérrimas e sem noção de luta social, jamais ouvira falar dele e nada sabia nem entendia da libertação que pregava.

Premido pela adoção do "sistema soviético" em Cuba, minoritário na cúpula do poder, terá o *Che* sido forçado a deixar o país para não se indispor com Fidel, seu amigo-irmão dos tempos do exílio no México, ao lado de quem se fizera combatente? Ou para não se rebelar contra a maioria ampla do comitê central do partido? A ida ao Congo terá sido uma fuga programada em acordo, por ele e pelo regime, para evitar fraturas e desavenças internas num momento aceso da Guerra Fria?

No Congo, naquela etapa da guerra, o malogro foi quase total. Os negros congoleses só se atreviam a empunhar armas depois de receber "banhos" dos feiticeiros para "fechar o corpo" às balas inimigas. Não havia feiticeiros nas tropas do *Che* Guevara e, depois de vários meses e muitas baixas ou dificuldades de todo tipo, ele e seus homens se retiraram e chegaram à Tanzânia. De lá, à Tchecoslováquia, onde se recuperou da magreza da fome. Voltou a Cuba incógnito e nunca apareceu em público. Trancafiou-se numa chácara na zona rural de Havana, onde (além de Fidel e Raul Castro, ou um ou dois mais da alta cúpula) só a mulher e os filhos pequenos o visitaram. Lá, reuniu de novo seus homens de confiança estrita em exaustivos treinamentos militares e aulas de quíchua e aimará, até que – pouco a pouco – todo o grupo chegou a La Paz, na Bolívia.

O longo caminho, via Europa (Tchecoslováquia e RDA, a Alemanha comunista de então), aparentemente incluiu São Paulo, como última etapa antes de entrar na Bolívia. Mais tarde, foi a rota utilizada pelo francês Régis Débray.

– 3 –

Na volta do Congo a Cuba, por que nunca apareceu em público nem reassumiu seus postos no governo? Naquele 1966, a Revolução Cubana estava sob domínio do grupo do antigo partido comunista (anterior à vitória dos rebeldes), fiel a Moscou e, assim, adversário das ideias guevaristas.

Seus biógrafos não pesquisaram nem indagaram os motivos profundos que o levaram a sair de Cuba. Só o argentino Ricardo Rojo, velho amigo, que esteve com ele em Punta del Este, fala claramente de discordâncias políticas. Os demais contentaram-se com a ideia do seu amor e compromisso com a "revolução mundial" e apenas sugeriram as desavenças internas. O mais minucioso deles, o norte-americano Jon Lee Anderson (que pesquisou longos anos em Cuba), conta, porém, pelo menos dois episódios reveladores.

Ainda em Havana, por volta de 1963-1964, o *Che* teve um acesso de fúria (ou irritação, muito ao seu estilo) quando dois de seus protegidos, Alberto Mora, ministro do Comércio Exterior, e o poeta Heberto Padilla, vieram contar-lhe da Rússia Soviética, onde este último passara longo tempo como jornalista: "...Já sei que tudo aquilo é um chiqueiro", disse-lhes o *Che* com ira e desconcerto. Noutra passagem, o biógrafo conta que, mais tarde, quando Mora e Padilla foram enviados ao exterior para evitar problemas internos, na despedida Guevara lhes contou que acordava deprimido a cada manhã e explicou: "Vivo como alguém partido em dois, 24 horas ao dia, e não tenho ninguém a quem dizer isso. E, se o dissesse, não acreditariam em mim".*

O *Che* já estava morto havia quatro anos quando o poeta Padilla foi preso em 1971 e obrigado à humilhação de "reconhecer publicamente" que seus poemas e artigos equivaliam a "crimes contrarrevolucionários". Depois, ficou sete anos em prisão domiciliar e, cumprida a pena, foi autorizado a sair de Cuba. À mesma época, em 1972, o ex-ministro Mora suicidou-se com um tiro na cabeça.

No diário da Bolívia, dia 8 de setembro de 1967, há uma anotação curiosa do *Che*. É a única vez em que aparece irado, duro, quase dizendo palavrões, algo tão ao estilo argentino, mas que nele nunca foi comum, nem sequer naqueles dias difíceis sob o acosso da asma, da fome e do abandono. Ali ele escreveu:

8 set. 67 : *Um jornal de Budapeste critica o Che Guevara, "figura patética e aparentemente irresponsável", e saúda "a atitude marxista" do partido (comunista) chileno, que toma atitudes práticas frente à prática. Como gostaria de chegar ao poder, nada mais que para desmascarar covardes e lacaios de toda ralé e esfregar-lhes nos focinhos suas porcalhadas!*

– 4 –

A imolação é o grande exemplo do *Che*, o feito marcante entre todos os seus feitos. Ele não seria o que é, mito e ícone, amado pelos seguidores e respeitado pelos adversários, se não o houvessem assassinado na selva boliviana, da forma como o mataram – ferido em combate, capturado e (de mãos e pés amarrados) metralhado no dia seguinte por um sargento bêbado que cumpria "ordens superiores".

Poderíamos imaginá-lo ancião, com gota e reumatismo? Ou capenga, ou com inflamação na bexiga ou onde fosse, tratado com antibióticos e morrendo na cama? Ou com a alcoólica e protuberante barriguinha de rum dos burocra-

* ANDERSON, Jon Lee. *Che Guevara:* Uma biografia. Rio de Janeiro: Objetiva, 1997, p. 691.

tas, passeando pelo *malecón* de Havana? Ele viveria na ideia ou no coração de milhões de pessoas ou na indagação de cada uma delas, como vive hoje, mundo afora, se houvesse preservado a vida?

Na entrevista coletiva a uma centena de jornalistas em Punta del Este, quando lhe perguntaram como se divertia ou se tinha diversões, eu o ouvi responder num tom místico de presságio: "... Não vou a nenhum tipo de diversão. Sou um convencido de que tenho uma missão a cumprir no mundo e que, por ela, devo sacrificar o lar, os prazeres diários comuns, a segurança pessoal e, talvez, sacrificar minha vida. É compromisso que adquiri com o povo e do qual não posso me desligar até o fim da minha vida".

Além de uma nesga de messiânica egolatria, a ideia tem algo de alucinação mística. "Dar a vida pelo irmão" é uma visão nascida dos Evangelhos, que chega ao Ocidente através de Cristo e só séculos depois é incorporada pelos revolucionários. Mas, até por isso, o que o levou à Bolívia naquele momento, numa imolação previsível? As desavenças em Cuba? Ou o que, exatamente?

Esse mistério, ou essa incógnita, não altera a essência do homem que conheci em Punta del Este em 1961, de quem me aproximei e cuja aproximação ele aceitou de imediato, às vezes a contragosto de seus desconfiados guarda-costas. Ao contrário, só a reforça. Em 1961, tudo sobre ele era visível e todos pensavam que sabiam tudo dele – do que era e do que viria a ser. Bastava olhá-lo para compreendê-lo. Depois, a Guerra Fria e a disputa pela hegemonia mundial por parte das duas superpotências da época, mais a visão das "lutas de libertação" dos anos 1960, o tornaram um enigma. E ele tornou-se um cidadão à parte com uma grandeza e doação interior tão vasta que é difícil conhecê-lo em tudo o que foi nos breves (e duradouros) 39 anos, até que o assassinassem.

Sim, Ernesto Guevara de la Serna, *el Che*, em si mesmo é um enigma a decifrar. Ou um teorema a resolver ou demonstrar, em que cada passo leva a um resultado novo. A ideia do "homem novo", por acaso, não era sua prédica predileta e sua meta constante e final?

Ele nos mostrou que a revolução social não é uma atividade política, mas um ato místico de transformação. O "homem novo" foi ele!

Epílogo

Tudo o que relatei aqui talvez soe, hoje, a um mundo distante ou até a um universo perdido. O *Che* foi o futuro que não veio. Foi o futuro que passou.

Nos mais de 50 anos que nos separam daquele 1961 em que o conheci, a sociedade de consumo substituiu os valores de convivência e impôs visões de mundo que não são as da utopia igualitária do *Che* Guevara, mas – paradoxalmente – ele é cada vez mais o ícone de uma juventude que se habituou a não sonhar e que quer tudo ao alcance da mão. Ou que, no máximo, sonha com o que já não lhe acenam.

Conheci o *Che* em plena euforia triunfal da Revolução (escrita assim, com maiúscula), antes das crises, erros, perseguições e decepções, quando todos se extasiavam com a vitória. Menos ele, que não se extasiava com o triunfo e não confiava no poder, nem sequer no poder das balas. O importante para ele não era chegar ao poder, mas transformá-lo e criar "o homem novo" numa revolução interior permanente em que o sacrifício e a austeridade individual levassem à utopia amorosa da sociedade igualitária. Por isso, foi rejeitado pelos dois impérios que, na época, dividiam o mundo entre si.

Nesses 13 dias em Punta del Este, não conheci apenas um guerrilheiro, nem tão só um pensador que filosofava em torno do concreto. Conheci alguém capaz de renunciar a tudo e lutar no Congo, logo na Bolívia, para não se transformar em Cuba num burocrata da revolução ou num inútil burocrata da utopia.

Imolou-se. E não perdeu a ternura jamais!

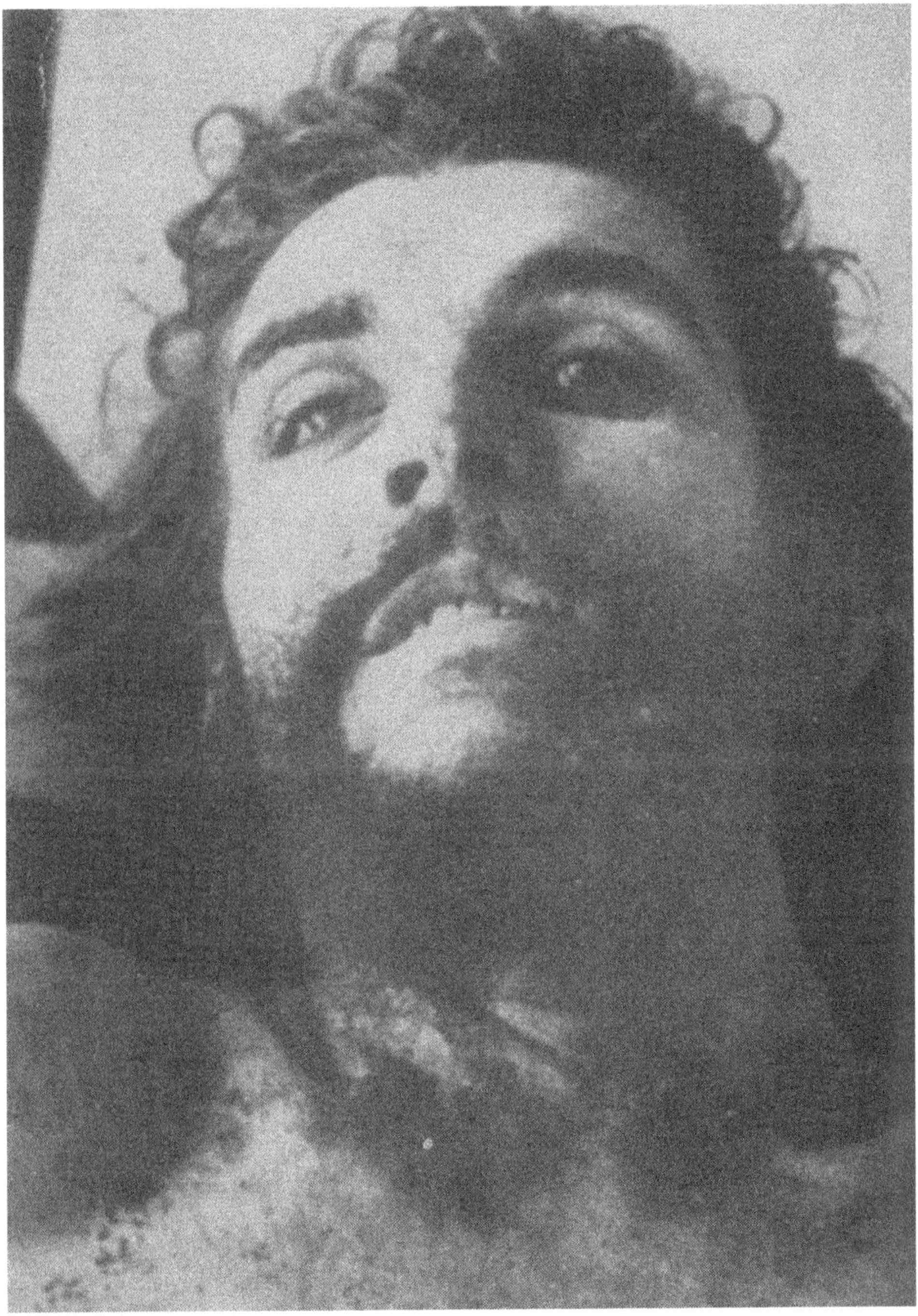